22
세기
세계

우리가
살고 싶은 세상 **1**

내일을 위한 유토피아

22세기 세계

알렉시 제니 외 지음 전미연 배영란 김영란 김자연 이하임 옮김

황소걸음
Slow & Steady

—

서문

　　쥘 베른Jules Verne은 《20세기 파리Paris au XXè siècle》
를 통해, 허버트 조지 웰스Herbert George Wells와 조지 오웰George Orwell
은 각각 《타임머신The time machine》과 《1984년》에서 수십 년 뒤, 나
아가 수백 년 뒤 미래 사회를 그려냈다. 이들이 그리는 미래
상은 간혹 암울한 디스토피아로 나타나기도 한다. 부유층이
교육권을 독점하는가 하면 도시는 인간이 살 수 없는 폐허가
되어가고, 인간 사회는 불평등으로 얼룩지며 차츰 몰락해간
다. 아울러 전체주의가 장악한 세계도 그려진다.

　　한편 푸리에François Marie Charles Fourier나 카베Étienne Cabet처럼 고난과

착취가 사라진, 더 조화로운 사회를 정확하게 표현한 작가도 있다. 《서기 2440년L'An 2440》을 쓴 18세기 프랑스의 극작가 루이 세바스티앵 메르시에Louis-Sébastien Mercier는 '대혁명의 예언자'로 통한다. 권력 남용에서 벗어나 이성과 정의가 다스리는 사회를 그렸기 때문이다. 작품의 성공 여부를 떠나 어떤 색채로 미래를 표현했든 이 모든 작가와 철학자는 미래에 대한 통찰력이 있었다. 도시가 걷잡을 수 없이 발전하고 자동차가 도로를 장악하며 컴퓨터가 군림하는 사회, 나아가 개인의 사생활이 노출되는 감시 사회가 도래하리란 사실을 정확히 예측한 것이다.

보통선거 실시, 노예제도 폐지, 여성해방, 정의의 원칙에 따른 통치, 교육권과 사회보장권 실현 등 이들이 그린 수많은 이상향은 (비록 동시대 사람들에게 설득력을 얻지 못하고 나아가 빈축을 사기도 했지만) 지난 두 세기 동안 민주주의에 대한 사람들의 열망을 키우는 원동력이 되었다. 오늘날 우리는 이 작가들의 창의적 역량은 물론, 그 정치적 용기에 놀라움을 금치 못한다. 우리가 이들에게 지속적으로 관심을 기울이는 이유는 현재에서 벗어나 미래 세계를 예측하려는 노력에 지금의 세상에 대한 우려와 인간 삶의 조건을 개선하려는 의지를 접목했기 때문이다. 달리 말해 이들은 이성적인 이상향을 구축한 셈이다.

이에 우리는 각 분야 학자들에게 22세기 세계의 구상안을 요청했다. 미래 사회를 자유롭게 진단하고 그 해법을 제시하며, 미래 세계의 혼란상과 자신이 꿈꾸는 이상향 등을 형식에 구애 받지 않고 자유로운 어조와 논조로 모든 상상력과 낙천주의를 발휘해서 글을 써달라고 요구한 것이다. 일찍이 쥘 베른은 헤첼 출판사에 원고를 가져갔을 때 "지금 세상에서 누가 당신의 이런 예언을 믿겠는가"라는 소리를 들었다. 하지만 어떤 이상향을 글로 쓰면서 이를 믿어달라고 호소하는 작가는 없다.

이 책 또한 미래 사회에 대한 연구 보고서를 작성한 것이라기보다 미래 사회를 상상한 내용을 늘어놓은 것에 해당한다. 따라서 이 책은 현재를 의심하는 데서 출발하여 현재의 확신을 버리고 이를 확실히 깨버리면서 미래를 상상한다. 오늘날 사회 비평계에서는 왜 이상향의 논조를 내보내지 않을까? 삶과 사유, 창조의 또 다른 방식을 제안하는 지적 확산에서 더 급진적이고 진취적인 시각을 차용하지 않는 이유는 무엇일까?

2012년 라비데지데 사이트(www.laviedesidees.fr)*에서 '2112년의 세계 Le monde en 2112'라는 주제로 기고문을 모은 기획안이 성공을 거둔 뒤, 우리는 이를 엮어 알렉시 제니Alexis Jenni의 단편소설과 함께 책으로 내야겠다고 생각했다. 오늘날 비관주의와 정치적 체념이 정치적 상상력을 가로막는 상황에서, 이를 극복하려는 의지가 공통적으로 느껴지는 저자들의 원고는 크게

---

* '라비데지데La Vie des Idées'는 인문과학이나 사회과학, 문학비평, 심미학, 건축학 등 모든 지식 분야를 아우르며 지식 공유와 확산에 힘쓰는 전문가 네트워크다. 각계 전문가들의 다양한 글을 소개하고, 여러 학문 분야의 융합을 시도한다.
'라비데지데' 사이트(www.laviedesidees.fr)는 웹진 형식을 취하고 있다. 이곳은 지식인의 협업 사이트이자 논란의 거점으로, 양질의 인문과학 저작물을 더 많은 대중에게 제공할 것을 추구한다. 콜레주드프랑스의 연계 기관으로, 콜레주드프랑스 피에르 로장발롱Pierre Rosanvallon 교수가 이끄는 라비데지데는 프랑스와 해외에 지적 정보를 선보인다.

두 가지로 나뉜다. 스스로 예상해본 가까운 미래의 모습을 묘사한 것, 2112년에 쓰인 글이라는 가정 아래 그 미래 시점에서 현재 진행되는 변화의 움직임을 돌아본 것이다. 메르시에가 인용한 라이프니츠Gottfried Wilhelm Leibniz의 표현대로 "현재의 시간은 미래를 품고 있다". 오늘날 우리가 그리는 이상향은 분명 미래 역사책의 소재가 될 것이다.

이따금 사람들은 역사학자들이 과거를 돌아본다고 하지만, 이 책의 필자들은 역사학자와 사회학자로서 그리고 경제학자로서 조금 다른 방식으로 접근한다. 이들은 미래를 가늠하는 측량사이자 이상적인 역사 유크로니uchronie*의 전령이며, 역사의 흐름을 더 빠르게 만들어줄 미래의 마법사다. 이 책은 그 자체로도 어느 정도 이상향을 구상한다. 진지하면서도 재

---

* 샤를 르누비에 Charles Renouvier가 만든 말. 존재하는 역사가 아니라 앞으로 존재할 가능성이 있는 역사, 자신이 생각하는 미래의 역사를 뜻함. 라루스 불어사전에서는 '역사적 유토피아'라고 정의한다. 즉 미래에 존재할 만한 역사를 논리적으로 재구성하는 것이다. ─옮긴이, 이하 동일.

미있는 그리고 기발하면서도 깊이 있는 사회과학서를 추구하되, 오늘날 세계를 분석하기 위해 다양한 시각을 교차시키는 것이다. 원고를 집필한 학자는 공상과학소설 형태를 띨지라도 지식의 양산이라는 소임을 저버리지 않는다.

　결국 이 책은 실험적인 글쓰기를 시도한 셈이다. 사회과학은 무미건조한 문체를 구사하며 지나치게 압축적으로 내용을 표현한다고 질타를 받는 경우가 많다. 이에 우리는 학자들에게 원고를 부탁할 때 자유로운 상상력의 나래를 펼치면서 자신의 관점을 제시하되, 펜 가는 대로 편하고 재미있게 써달라고 부탁했다. 이 또한 언젠가 현실이 될 오늘날의 이상향 아니겠나.

니콜라 들라랑드Nicolas Delalande, 이반 야블롱카Ivan Jablonka

배영란 옮김

차례

1

멀다니,
그게 무슨
뜻이야?

알렉시 제니 Alexis Jenni

전미연 옮김

리옹-Lyon(프랑스)에 있는 플로르는 단출하게, 자신의 아이앰폰I AM Phone에서 까다롭게 고른 지인 몇 명만 불러 2112년의 마지막 밤을 보냈다. 스크린 창에는 눈이 내리는 풍경을 선택해 띄워놓았다. 눈보라가 휘몰아치는 프로그램을 골라 눈송이는 굵직하게, 떨어지는 속도는 느리게 설정한 다음, 배경에 은은한 핑크빛을 깔았다, 완벽했다. 조명을 낮추고, 아이앰폰을 쓰다듬듯 터치해 초대한 아바타들을 불러냈다. 채 쉰 명이 안 되는 손님들과 일일이 인사를 나눴다, 오붓한 모임이었다. 진짜 육체처럼 실재하면서도 무게와 냄새가 없는 아바타들의 완벽한 육체가 소리 없이, 서로 부딪히지 않고 움직였다. 각 아바타 위에는 아바타의 성질과 이름, 몇 가지 특징을 적은 법적 팻말이 떠 있었다.

다 플로르가 좋아하는 손님들이었고, 일일이 다가가 인사를 건네고 담소를 나누는 동안 아타바들은 그녀의 주변을 선회했다. 따로따로 접대할 욕심에 그녀가 수평적 공존을 선택하지 않아 아타바들이 더러 상대의 몸을 통과해 지나가기도 했다. 잠시 뒤 플로르는 요령 있는 집주인답게 분위기에 더 어울리는 부분적 공존 모드를 선택해 손님들을 크기가 다양한 여러 개 소그룹으로 쪼개놓고, 이 그룹 저 그룹을 분주히 오갔다. 다른 곳에도 부분적 공존 모드로 가 있는 손님이 분명 있을 테지만, 그녀가 상관할 바는 아니었다. 그녀는 앵앵거리는 듯 깜찍한 감성의 베트남 네오팝을 고르고, 음악에 맞춰 핑크색 눈송이가 스크린 창으로 떨어지게 조절해놓았다, 안온하고 멋졌다. 아름다운 밤이었다. 방 한가운데서 빨간색 작은 숫자들이 놀란 듯 파닥거리며 카운트다운을 시작했다. 할딱할딱 10분의 1초가 흐르고, 뚜벅뚜벅 1초가 흐르고, 어기적어기적 1분이 흐르는 사이 2113년이 다가오고 있었다. 각자 아이앰폰을 통해 복잡한 방식으로 공존 중인 절친한 친구들과 함께 보내는 행복한 밤이었다.

하지만 아무리 아름답고 유쾌한 자리라도 이들은 모두 단한 사람, 케이프타운Cape Town(남아프리카)에 있는 잔의 출현을 위한 배경에 불과했는데, 플로르가 아이앰폰의 매끈한 표면을 새끼손가락으로 톡 치자 미남 아바타가 등장했다. 플로르는 전면 액세스 상태로 아바타를 설정해놓았다, 그는 그녀가 보는 것을 보고 그녀는 그가 느끼는 것을 느끼지만 다른 손님들은 그의 존재를 전혀 눈치 채지 못한다는 뜻이었다. 흥겨운 파티 속에, 핑크빛 눈송이들이 스크린 창에서 경쾌한 원무를 추는 아늑한 분위기 속에 오롯이 그들 둘만 존재할 수 있었다. 그가 음악이 좋다고 칭찬을 했다. 아직 그에겐 비밀이지만 근사한 알고리즘을 제대로 고른 것 같아 그녀는 흐뭇했다. 그들은 함께 술잔을 기울였다, 잔 부딪히는 소리와 둘의 체온 상승은 전면 공존 모드의 일부였다, 그들은 춤을 추었다. 카운트다운을 외치고 모든 이들에게 축하 인사를 건넨 뒤, 자정을 넘기자마자 그들은 손님들의 액세스를 제한하고 둘의 홀로그램을 합쳤다. 2113년이 멋지게 시작되고 있었다.

잠에서 깨어 그들은 다시 상대 앞에 모습을 드러냈다. 잔은 기운이 펄펄 넘쳐 보이지 않게 아타바를 다소 피곤하게 만드는 매너를 발휘했는데, 파티 뒤의 숙취 같은 피로가 아니라, 플로르한테 격정의 밤을 보내고도 그저 홀로그램으로 바람 한 줄기 지나갔다고 여기는 무덤덤한 남자라는 오해를 받지 않을 만큼, 딱 이만큼 피곤하게 만들었고, 그녀는 그의 세심한 접속 에티켓에 감동했다.

"우리가 사랑한 지 몇 달 됐잖아."

그녀가 그에게 말했다.

"상시 접촉 상태로 지내고 싶어."

잔이 빙긋이 웃었고, 둘은 다시 한 번 홀로그램을 합쳤다.

둘이 사귄 지 표준 시간으로 여러 달, 연속 접속 시간으로 수십 일이니 상당한 기간이었다. 그들은 결국 연속적인 전면 액세스 모드를 유지하기로 결정했다.

"아기를 갖고 싶어."

플로르가 여전히 전율을 간직한 채 잔이 케이프타운에서 아이앰폰으로 조작할 때마다 감미롭게 그녀를 소스라뜨리던 고품질 민감 센서 전극을 몸에서 떼어내며 속삭이듯 말했다.

"유기체를?"

이런 친밀한 관계에는 부적절한 것 같아 그녀가 투박한 아프리칸스어 억양 대신 국제적인 억양으로 소프트웨어를 맞춰놓았는데도 여전히 남아 있는 억양을 풍기며 그가 물었다. 그들은 정액 캡슐을 보내기로 합의했다. 함께 서명을 했고, 플로르의 심장은 달음박질쳤고, 둘은 합의의 순간을 소리로 남기기 위해, 상대한테 들리게 심장 고동 소리를 크게 키웠고, 나중에 스크린 창의 배경과 어우러지게 다시 틀 수 있도록 녹음까지 해두었다. 저온 유통 체계를 보장하는 조건으로 오레녹Orenoc에서 많은 운송비를 요구해 어마어마한 비용이 들었지만, 비용은 행복에 비례하는 대가라고 여겼다. 비용은 그렇다 치더라도 배달 시간이 표시되는 순간 플로르는 깊은 한숨을 내쉬었다. 표준 시간으로 24시간. 너무 오래 걸렸다. 지금까지 그렇게 오래 기다려서 뭘 받은 적이 없었다.

"왜 이렇게 오래 걸려?"

"캡슐을 케이프타운에서 리옹으로 날라야 하니까."

"그래서?"

"멀잖아."

"멀다니, 그게 무슨 뜻이야?"

잔은 참을성 있고 박식한 사람이라는 인상을 주었다. 그가 거리의 개념을 설명하기 시작했다. 플로르는 이 개념이 도무지 마음에 안 들었다. 일정한 거리를 이동한다는 표현이 그녀에게는 무척 알쏭달쏭하게 다가왔다. 그러자 잔이 이번에는 그녀가 아는 내용을 가지고 설명하려고 애썼다.

"당신이 사는 유닛이 몇 걸음 크기지?"

"여덟 걸음."

"왔다 갔다를 천 번 한다고 상상해봐. 그게 딱 캡슐이 케이프타운에서 리옹까지 가기 위해 이동해야 하는 거리거든."

그녀는 시험에 나섰다, 유닛 공간을 대부분 차지하는 커다란 침대를 피해 한쪽 스크린 창에서 다른 쪽 스크린 창까지 왔다 갔다를 여러 번, 했다.

"천 번이라……."

그녀가 중얼중얼했다.

"왜 천 번을 왔다 갔다 한다는 거지? 처음에 가서 캡슐을 놓고 오면 되잖아. 그다음부터 어차피 똑같은 동작을 반복하는데."

"차가 그렇게 직선으로 천 번을 움직여야 하는 거야."

"직선으로? 말도 안 돼, 그렇게 큰 게 있을 리 없어. 그리고, 차라는 건 대체 뭐야?"

"날라주는 거야."

"날아? 향정신성의약품 말이야?"

"당신을 실제로 날라주는 거야. 물건을 말해."

"뭐 하러?"

"뭘 뭐 하러?"

"날라주는 거 말이야. 난 누가 날라줄 필요 없어. 내 스크린 창까지 딱 여덟 걸음이고, 내 아이엠폰도 늘 손에 잡히는 데 있단 말이야."

"그건 그런데, 캡슐은 우리가 떨어져 있는 거리를 물리적으로 주파해야 하니까."

"떨어져 있다는 거, 거리, 난 이런 거 여전히 이해가 안 가. 소프트웨어가 번역을 잘하고 있는 거 맞아?"

잔이 한숨을 내쉬었다. 소프트웨어가 번역할 수 없는 말을 그가 아프리칸스어로 한 마디 툭 내뱉자, 귀에 와 닿는 음색 때문에 플로르는 움찔 몸서리를 쳤다. 방법이 없었다. 태어

나서부터 줄곧 접속 상태로 살아온 사람은 거리를 이해하기 힘들었고, 어차피 거리를 좋아할 이유가 없는데다, 굳이 거리를 이해할 필요도 없었다.

얼마 뒤 오레녹의 자회사인 아농시아시옹 Annonciation [*]의 기술자가 정액을 채취하러 왔다. 잔과 플로르는 정액을 채취하는 동안 공존 모드로 함께했고, 분비에 필요한 민감 센서 전극은 플로르가 조작했다. 둘에게 무척 짜릿한 순간이었다, 나중에 다시 사용하기 위해 모든 신체적 매개 변수를 저장해두었다.

이후 24시간 동안 그녀는 모래 더미가 스르르 무너지며 바람에 날리듯 시간이 바스라지고, 초秒가 무더기로 느릿느릿 낙하하는 모양을 물끄러미 바라보았다. 시계에서 표준 시간이 흐르는 동안 그녀는 일을 했다. 그녀의 직업은 원유를 사서 되파는 일인데, 남극에 위치한 소규모 시추 시설에서 원유를 구입해서 이것을 귀한 재료로 가공하는 화학 업체에 팔았다. 원유 시추가 힘든 탓에 거래량은 많지 않았다. 그녀의 아이앰폰이 시장을 스캔해 사업 기회를 알려주면 그녀가 결정을 내렸다. 유조선은 여러 손을 거쳐 목적지에 도달했는데, 해상에서 약탈당해 모니터에서 사라지기도 하고, 급작스럽게 열대 태풍을 만나 아예 없어지기도 했다. 그녀는 벡터

---

[*] 직역하면 '알림'이라는 뜻.

지도와 다차원 지도 투영법을 활용했고, 단순화된 얼굴 뒤에 무엇이 감춰졌는지 모르는, 한 마디로 누군지도 모르는 조악한 형체의 아바타들과 공존 모드로 협상을 했고, 투자가 공으로 표시돼 가격을 나타내는 알록달록한 표면이 일렁일렁 움직일 때마다 위아래로 굴러다니는 생태 차원에 액세스했다. 공은 움직이는 동안 크기도 바뀌었는데, 부풀어 오르면서 경사를 굴러 내리기도 하고 쪼그라들면서 경사를 다시 올라가기도 했다. 공의 크기는 돈, 공의 속도는 수익을 가리키며, 이것을 운용하는 것은 예술의 차원이다. 그녀가 한 번도 실물을 본 적은 없지만, 원유는 금보다 시세가 높아 두둑한 중개 수수료를 안겨주었다.

겨우 몇 분이 남았을 때, 그녀는 감압실 앞에 가서 섰다. 약속한 시간이 되자 빨간 LED 불빛이 깜빡깜빡했다. 내리 28시간을 쉬지 않고 기다린 탓에 어깨 근육이 뭉쳐서 아프고, 의식은 무뎌져 몽롱하고 속은 메슥거리는 이상야릇한 상태였다. LED 불빛이 다시 초록색으로 바뀌기도 전에 그녀가 감압실 문을 열어젖혔는데, 사용 설명서에는 하나같이 오레녹 배달 기사에게 문을 열어주지 말라고 나오고, 오레녹조차 주문할 때마다 이 점을 누차 강조하면서 숙지했는지 여부를 계약서 관련 조항에 반드시 체크하게 하는 상황이었다. 배달 기사는 아직 감압실 안에서 캡슐이 든 게 분명한 작은 냉장용 가방을 들고 있었다. 장신에 호리호리한 몸, 가무잡잡한 피부, 굵게 주름이 팬 얼굴, 대충 뒤로 넘겨 묶은 부스스한 갈색 머리, 이마에 두꺼운 검은 테 안경이 얹혀 있는 남자. 플로르는 실물을 본 적은 없고 단지 배달 기사라는 단어와 이 직무를 수행할 때 발생하는 결과, 즉 약속된 시간에 주문한 물건이 감압실에 도착하고, 다운로드나 3D 인쇄가 불가능한 것은 무조건 눈앞에 가져다준다는 사실만 알고 있었다. 기사는 소매와 바지 길이가 짧은, 번들번들한 소재의 산뜻한 진녹색 작업복을 입고 밑창에 홈이 팬 거죽이 부드러운 신발을 신었다. 그에게서 땀 냄새가 났는데, 자신도 가끔 땀을 흘리기 때문에 익히 아는 이 냄새가 그의 몸에서 풍기는 알 수 없는 다른 냄새들과 섞여 감압실 안을 꽉 채우자 그녀는 머리가 띵했다. 그녀가 가방을 향해 손을 뻗었다. 감압실 문을 다시 닫기도 전에 그녀가 속이 비치는 흰색 망사 드레스에 양말 차림으로 나타나자, 그는 얼떨떨한 표정으로 말없이 양 손가락을 비비며 돈을 내라는 제스처를 취했다. 그러자 플로르는 변명의 여지가 없는, 변명의 여지는 없지만 지금까지 해본 어떤 다운로드보다 길었던, 무진장 길었던 야릇한 기다림 탓으로 돌릴 수밖에 없는, 두 번째 실수를 저질렀다. 그녀가 자신의 아이앰폰을 그에게 내민 것이다. 그가 어리둥절해하며 아이앰폰을 받아 들고는 야릇한, 그러니까 삐

딱한 미소를 지어 보였는데, 보편적인 감정을 광범위하게 취합해놓은 아바타의 감정 표현 목록 어디에도 없는, 그래서 그녀는 해석 불가능한 미소였다. 그녀는 예상치 못했지만 오레녹에서는 꼼꼼한 운송 계약서를 마련해 충분히 대비하고 있었다. 그가 몸을 홱 돌려 달아났다. 그녀의 아이엠폰을 손에 들고.

플로르는 우물쭈물 열린 감압실 문과 냉장 가방을 쳐다보고 서 있다가 가방을 손에 들고 문턱을 넘었다. 한번 시작된 실수는 줄줄이 계속됐고, 그녀는 유닛에서 복도로 나오는 걸로 모자라 노출 콘크리트 벽에 부딪혀 되돌아오는 달음박질 소리를 뒤쫓아 뛰기 시작했다.

"저기! 이봐요!"

그녀가 소리를 지르자 목소리가 콘크리트 위에서 메아리쳐 울렸다. 유닛들의 닫힌 감압실 문이 줄지어 나타났고, 각각의 유닛을 표시하는 바코드와 오레녹 배달 기사들을 위한 핀PIN 패드가 보였다. 힘껏 달렸지만 그를 따라잡을 수는 없었다. 메아리로 울리던 그녀의 발소리가 이내 잦아들었다. 채광창 없이 격자를 씌운 관에서만 불빛이 흘러나오는 긴 복도가 끝나자, 자연광이 틀림없는 환한 빛을 발산하는 불투명 글라스블록이 벽에 박힌 계단이 나타났다. 한쪽 계단은 뚜렷한 목표점 없이 위로 향하고 다른 쪽 계단은 역시 똑같이 아래로 향했는데, 위쪽 글라스블록에서 나오는 빛이 더 환해 보였다. 품이 넉넉하고 하늘하늘한 망사 드레스를 걸친 자태가 흡사 나비 같은 그녀는 빛을 쫓아 위로 올라갔다. 오래 걸렸다, 익숙지 않은 경험이었다, 냉장 가방을 든 손이 저려오고 바닥에서 발을 보호해주기에는 너무 얇은 양말이 거친 콘크리트에 닿아 찢어지기 시작했다. 계단을 다 오르자 문이 하나 나타났고, 이상하게 후끈한 열기가 끼쳐왔다. 문에 붙은 로고가 문을 열지 말라는 것 같고, 빨간 줄이 그어진 걸로 보아 함축적인 픽토그램 속 남자가 분명히 해서는 안 되는 행동을 하는 것 같은데, 애매모호하기 짝이 없었다. 홀로그래피가 아니라 그림이다 보니 남자는 플로르가 해야 하는 혹은 하지 말아야 하는 행동을 동작으로 보여줄 수가 없었고, 말도 하지 못했다. 실수가 되풀이되는 상황에서 숨이 차고 발이 아픈데다 결정을 도와줄 알고리즘도 없었다, 그녀는 무작정 문을 열었다.

주먹이 날아오듯 뜨거운 열기가 밀려왔고, 뺨을 후려치듯 햇빛이 덮쳤고, 발을 걸듯 빈 공간이 달려들었다. 지금까지 오븐의 은유가 남아 있다면 플로르가 맞춤하게 쓸 상황이지만, 모든 음식이 오레녹을 통해 조리된 상태로 도착하는 시대다 보니 사용되지 않는 은유는 당연히 머릿속에서 사라지고 없었다. 그녀가 비틀거리며 뜨거운 테라스 위로 몇 발짝

내딛자 발바닥에서 통증이 올라왔다. 이런 거친 직사광선에 노출되기는 처음이고, 그녀의 유닛에 있는 냉난방 장치는 이런 극한의 온도를 설정할 수 없었다. 최악의 실수들도 결국 끝이 났고, 그녀는 가방을 끼워 문을 고정하는 지혜를 발휘했다. 그녀는 후끈한 공기를 가르며 난간을 향해 걸어갔다.

그녀는 아찔했다, 은유가 아니라 정말로 눈앞이 아찔했다, 갑작스럽게 거대한 공간을 만나면 사람이 몸의 중심을 잃는 법이다. 한 번도 높은 곳에서 내려다본 적이 없는 그녀가 높이 수십 미터 유닛 블록의 꼭대기에 와 있고, 주변에는 노출 콘크리트로 마감한 또 다른 유닛 블록이 눈부신 해를 이고 서 있었다. 뜨겁게 달궈진 새파란 하늘은 지평선에 이르러 흰색으로 변했고, 유닛 블록 사이로 탁한 빛을 띤 내포內浦의 하구가 흐르고 있었다. 강의 양쪽 기슭, 창문이 없는 건물 아래쪽으로 강을 따라 천막이 쳐 있고, 이끼가 흙을 뒤덮듯 천막이 바다를 이루었다. 천막 사이에서 사람의 그림자가 보였다. 뜨거운 열기에 그녀는 숨이 막혔고, 주변과 머리 위로 펼쳐진 빈 공간이 현기증을 불러왔다. 다 아는 것들이고, 이미지를 본 적도 있고, 위성과 트라이소 맵Triso Map, 트라이소 플래닛Triso Planet을 통해 여행도 해봤지만 와본 적은 없다, 복도 끝까지 와본 적도 없다. 현장보다 아이앰폰에서 많은 걸 볼 수 있고 접근할 수 있는 데이터도 더 많은데, 굳이 그럴 필요가 있을까? 90억 명, 그녀도 알고, 해수면 상승으로 사라진 해안 평야를 빼고 어디서라도 이 숫자가 살긴 살아야 했다. 하지만 '실재實在로' 이렇게 거대한 콘크리트 블록이 정렬한 모습, 천막의 바다, 이 정도의 과밀은 상상도 못 했다. 막상 '실재로'라는 단어를 떠올리고 보니 생경하기만 했고, 이 단어의 정확한 의미를 묻는 사람이 있으면 정의를 내려주기도 쉽지 않겠지만, 어쨌든 순간적으로 이 단어가 생각났다. 이제는 사라지고 없는 지시 대상을 가리키는 은유, 무의식적인 언어 습관 속에 존재하는 은유가 분명했다.

붕붕하는 소리를 듣고 그녀가 몸을 획 돌렸다. 드론 한 대가 그녀를 쳐다보고 있었다. 쳐다본다는 표현이 맞는 게, 드론 아래, 드론의 그림자 속에, 드론을 지탱하면서 팔랑팔랑 유연하게 움직이는 태양전지 날개가 드리운 그늘에 얼굴이 떠 있었다.

"지금 뭐 하시는 겁니까?"

얼굴이 물었다.

"당신은 누구세요?"

플로르가 물었다.

"바마코Bamako(말리)의 살리프. 연안 리옹 소재 유닛 블록의 보안을 책임지는 장교입니다. 지금 뭐 하시죠?"

"제 아이엠폰을 찾는 중이에요."

"여기에서요?"

"누가 가져갔어요."

"신상 데이터를 대시죠."

"리옹(프랑스)의 플로르."

그녀가 말했다.

살리프가 붕붕댔다.

"유닛의 GPS 데이터는?"

"아이앰폰에 있어요."

"누구 아이앰폰 말씀이죠?"

"제 아이앰폰이오."

그녀는 버벅거리면서 중언부언한다는 느낌이 들었다. 우리 몸에서 떠나지 않는 물건은 지극히 사적인 것이기 때문에 딱히 물건이라고 할 수 없고, 이것이 내 소유라고 밝히는 자체가 거리를 두는 것이기 때문에 소유권을 말하기 망설여지다 보니, 자신이 횡설수설한다는 기분이 드는 것이다. 해를 받으며 눈을 잔뜩 찡그리고 서 있자니 상대가 제대로 보이지 않을뿐더러 정신을 집중하기도 힘들었다. 1월인데도 리옹은 벌써 태양이 작열했다. 태양전지 드론한테는 좋지만 유기체에게는 피로감을 불러왔다. 그녀는 낙심한 얼굴로 난간 너머를 쳐다보았다, 그녀의 생각으론 한 사람의 눈이 다 품을 수 없는 공간이 펼쳐지고 있었다. 그녀는 어떻게 돌아갈지,

어디로 가야 하는지 고민에 빠졌다. 신상 데이터도, 데이터를 처리할 아이앰폰도 없는데 대체 어디로 어떻게 간단 말인가?

"저기!"

그녀가 소리를 빽 질렀다.

풍선 표면에 오레녹이라는 글자가 큼직하게 박힌 1인승 헬륨 비행선 한 대가 그녀의 거주 유닛 블록에서 멀어지고 있었다. 눈부신 하늘에 검은 점처럼 찍힌 초흡수 광전자 동체가 시야에 잡혔고, 둥둥 떠가는 기체의 그림자 밑으로 배달 기사의 진녹색 작업복이 선명히 눈에 들어왔다. 잠시 후 이 로켓 모양 점이 고도를 낮춰 방향을 틀더니 내포 기슭에 자리 잡은 천막촌에 착륙하는 게 보였다.

"가서 내 아이앰폰을 찾아와야겠어요."

"저긴 배달 기사들의 집단 야영지예요."

드론이 낮은 소리로 말했다.

"가봐야 못 찾을 거예요. 저들은 신상 데이터가 없어요."

"그러니까 잡으라고요!"

"고소를 접수해서 제대로 처리하려면 그쪽 데이터가 필요해요. 보안 프로세스에는 규정이란 게 있답니다, 함부로 할수가 없어요. 보안 관리 계약에 명시되었다시피, 과실을 범하는 순간 저는 뻥 터져버리죠."

"말도 안 돼!"

"세상사라는 게 본래 주먹구구식이에요, 마드모아젤. 여태까지 체계가 없던 세상이 이제 와서 갑자기 달라질 리가 있나요."

"그럼, 이제 어떡하죠?"

"글쎄요. 내가 진행할 수 있는 프로세스가 하나도 없네요. 조금만 기다려봅시다. 어떤 사건이 벌어지면 상황이 바뀌어서 처리 가능해질지도 모르니까."

"정말 한심스러워서 말이 안 나오네."

"하, 이런! 이러면 얘기가 달라지는데!"

드론이 은근히 흡족해하며 주변이 떠나갈 듯이 말했다.

"보안 드론 명예훼손, 요건 프로세스가 있어요! 신상 데이터를 대시죠."

그녀는 얼굴을 쌩 외면하고 돌아서 계단을 내려가기 시작했다. 하지만 계단을 세지 않고 올라왔기 때문에 자신의 유닛으로 통하는 복도를 찾을 수가 없었다. 모든 것에 붙은 바코드를 판독할 재간이 없었다. 갔던 길을 되돌아오고, 다시 위로 올라갔다 비스듬히 방향을 틀기를 수차례, 그녀는 방향 감각을 완전히 상실했다. 유기적 방향으로서 오른쪽과 왼쪽은 그녀의 유닛이나 생태 차원에서 거의 쓸 일이 없었는데, 쓸 일이 없다 보니 당연히 머릿속에 저장되지 않았다. 가방이 무겁게 느껴졌다. 내장된 스크린 위의 숫자들이 바스라지면서 유통기한이 다가오고 있음을 알렸다.

그녀는 자신의 유닛이 있는지 없는지 알 수도 없는, 깊은 정적에 잠긴 어느 복도에 주저앉았다. 복도 끄트머리가 희미하게 시야에 들어왔다. 천장에 붙은 관들이 한결같이 불을 밝힌 이곳은 갱도, 사람의 내장, 우주정거장, 그 어떤 이름을 붙여도 무방하게 보였다. 밤을 샜고, 온갖 모순적인 감정에 시달렸고, 테라스에서 뜨거운 열기에 노출돼 지칠 대로 지친 그녀는 집에 두고 나온 암페타민류 각성제 한 알이 간절한 상태에서 까무룩 잠이 들었다. 그러다 가방에서 신음처럼 삐삐삐 하는 소리에 잠이 깼다. 유통기한이 임박했음을 알리는 경고다.

다행히 가방의 잠금장치는 그녀의 지문을 인식하도록 프로그래밍 된 디지털 장치였다. 수정의 최종 단계를 애무로 시작하면 낭만적이고 의미도 각별할 것 같아 잔과 뜻을 모아 내린 결정이었다. 가방이 신음을 멈추고 열리면서 차가운 입김을 훅 토해냈고, 그녀는 순간 행복감에 젖었다. 반짝이가 박힌 핑크빛 캡슐이 스펀지 포장 위에 호기로이 앉아 있었다. 조그만 사용 설명서 홀로그램이 주위에서 춤을 추며 캡슐을 가리켰고, 마임으로 그녀에게 사용법을 일러주었다. 잔과 같이 재기 발랄하고 엉뚱한 방법을 골라놓은 탓에 시간이 오래 걸렸지만 재미있었다. 순서에 따라 설명 장면이 하나 끝날 때마다 홀로그램은 간드러지게 얼굴을 붉히며 벅찬 감동에 젖는 포즈를 취하다가는, 다시 처음으로 돌아가 설명을 반복했다.

그녀는 유닛 블록의 복도에 앉아 인공수정을 시도했다. 차가운 캡슐이 뱃속으로 시원한 바람을 불어넣자, 흐르던 눈물이 마르고 야릇한 행복감이 밀려왔다. 이런 효과를 연출하기 위해, 잉태의 기쁨을 온전히 재현하기 위해 캡슐 안에 적지 않은 합성 엔도르핀이 들어 있는지도 모르고, 뛰어난 고객 맞춤형 서비스로 유명한 아농시아시옹에서 이 점을 고려했을 수도 있다. 하지만 상황이 상황인 만큼 그녀는 이유에 상관없이 어떤 안도감이든 그저 좋았다.

복도를 따라 동일한 모양의 감압실이 늘어서 있다. 바깥에서 봐서는 자신의 감압실을 식별할 수 없을뿐더러, 설령 찾아내 그 앞에 가 서더라도 판독 방식과 본인 인증 절차, 코드가 모두 아이엠폰에 있기 때문에 문을 열 도리가 없었다. 해결책이 없었다. 그녀는 아이엠폰을 찾아 나서기로 마음먹었다.

일단 밑으로 내려가 밖으로 나간 다음 차차 생각하기로 했다. 그녀는 시멘트 바닥에 닿아 너덜너덜해진 양말을 벗어 던졌다, 어차피 도움이 되지 않을 것이었다. 그녀는 입고 있던 흰색 망사 드레스를 찢어서 붕대를 만들어 발에 감았다.

이제 복도 너머로 향할 준비가 끝났다. 그녀는 계단을 끝까지 내려왔다, 계산은 불가능하지만 상당한 유기적 시간이 걸렸다. 허벅지가 뻐근하고 발밑이 쓸려 아렸고, 허기, 점점 커지는 허기와 갈증을 느꼈다. 그녀는 갈수록 심해지는 허기를 통해 유기적 시간의 흐름을 본능적으로 계산했다.

맨 아래, 땅바닥까지 내려오자 유닛 블록이 실체를 드러냈다. 창고. 사각형 단면의 콘크리트 기둥들이 빽빽이 건물을 떠받치고 서 있고, 용도를 알 수 없는 온갖 기계 설비가 윙윙 돌아갔다. 복잡하게 엉켜 위층에서 내려온 알록달록하고 두꺼운 케이블이 굵은 다발로 합쳐져 LED 패널과 제어 스크린이 부착된 박스 속으로 들어갔다가, 더러는 색이 바뀌어 박스를 빠져나와 다시 위층으로 올라갔다. 여기가 데이터의 흐름이 일어나는, 다시 말해 유닛의 생존에 필수적인 소중한 데이터가 오가는 통로가 분명하다.

그녀는 한 번도 여기까지 와본 적이 없다. 무엇을 해야 할지 막막하고 수중에 아무것도 없이 맨몸이지만, 몸속에는 캡슐이 안전하게 들어 있었다. 바깥으로 통하는 환한 유리문이 보였다. 밖에서 안으로 들어올 때는 여느 문처럼 경계 태세를 취하는 문이지만, 안에서 밖으로 나가려 하자 코드 없이 옛날 소방법에 따라 손만 대도 문이 열렸다. 문턱에 서자 직사광선에 눈을 뜰 수가 없었고, 순식간에 열기가 피부에 달라붙어 몸에 땀으로 번들거리는 막을 드리우자 익숙하지 않은 냄새, 냉방이 되지 않을 때 그녀의 몸에서 나는 바로 그 냄새가 났다. 그녀의 유닛 블록과 벽을 맞대고 빙 둘러 빽빽하게 조성된 천막촌이 눈앞에 나타났고, 깨진 아스팔트 조각이 박힌 구불구불한 흙길이 문턱까지 이어졌다. 진한 냄새가 코를 찔렀는데, 멀지 않은 곳에 있는 바다 냄새, 론Rhône 강의 진흙 삼각주 냄새, 고기 굽는 냄새, 암모니아수 냄새, 그녀의 땀 냄새와 타인들의 땀 냄새, 있다는 것만 알았지 한 번도 직접 맡아본 적이 없는 냄새였다. 파리가 왱왱거리며 몰려들기 시작했고, 그녀가 휘적휘적 몸을 움직이며 아무리 쫓아내도 이내 다시 날아와 그녀의 몸에 묻은 물기를 쪽쪽 빨아댔다.

배달 기사들은 천막 아래 그늘에서 검게 그을린 깡마른 몸을 웅크리고 앉아 있었는데, 여자와 남자들, 특히 아이들이 눈에 많이 띄었고, 남자 몇 명은 오레녹의 녹색 로고가 선명히 드러나는 작업복 차림이었다. 그들은 조용하지만 분주히 움직였는데, 태양열로 작동하는 작은 스토브 위에서 음식을 만들고 투명 유리잔에 든 갈색 음료를 마시며 수다를 떨기도 했다. 개중에는 하는 일 없이 삼삼오오 쭈그리고 앉은 사람들도 보였다. 꼬질꼬질한 아이들이 맨발로 천막 사이를 뛰어다녔고, 고압전선을 요리조리 잘도 피해 다녔고, 연신 소리를 질렀다.

1 멀다니, 그게 무슨 뜻이야?

플로르가 문턱에 나타나자 그들은 어리둥절하고 놀란, 비웃지만 호기심에 찬 표정으로 그녀를 향해 몸을 돌렸고, 하던 일을 멈추고 일제히 그녀를 쳐다보았다. 당연히 여느 문처럼 경계 태세를 취하는 문이 그녀에게 닫힐 수 있게 조금 앞으로 비켜서라고 부드럽게 요구했다. 그녀가 시키는 대로 하자, 빡 하며 단단히 밀착되는 소리가 들리더니 이내 자물쇠가 찰칵 걸리며 문이 다시 닫혔다. 이제는 코드가 있어야 문을 열 수 있다.

그러자 플로르는 실오라기 하나 걸치지 않은 알몸으로, 여린 두 발에는 벌써 새카매진 망사 붕대를 감은 채 따가운 햇빛 속으로 걸어 나갔다. 천막 사이로 난 구불구불한 길을 응시하면서 두리번거리지 않고 한 발 한 발 내디뎠다. 공포가 밀려왔다. 하지만 그녀의 몸속에 녹아 있는 차가운 캡슐이 설명할 수 없는 용기를 불어넣어 앞으로 나아가게 했고, 그녀가 이해하지는 못하지만 몸속에서 느끼는 어떤 것, 그녀 멋대로 발효 현상이라고 상상하는 어떤 것이 저절로 일어나 그녀를 걷게 만들었고, 불가능하지만 그녀의 유일한 목표를 향해 그녀를 이끌었다. 거대한 무정형의 도시 속으로 들어가 배달 기사 중에서 그녀의 아이앰폰을 가져간 사람을 찾아내는 것. 마치 유일한 재산이라도 들어 있는 양, 그녀가 무의식적으로 속살이 드러난 배를 어루만졌다.

2

소득 격차 상한선이 정해졌을 때[1]

장 가드레 Jean Gadrey

배영란 옮김

22세기 초 현재 상황에서, 사회 통합을 실현하고 환경을 보존하기 위해 소득 격차 상한선을 제정할 필요가 있다는 데 반론을 제기하는 사람은 없다. 1세기 전만 해도 이 같은 발상은 아직 이상적인 것으로 치부되는 분위기였다. 그러나 2008~2015년 경제 위기가 닥치고 그 원인인 불평등이 전례 없이 심해지자, 결국 소득 격차 상한선 제정이 불가피해졌다.

고대에서 현재까지 이념의 역사를 살펴보면 부의 과잉에 대한 비판이나 부유층과 빈곤층의 상한과 하한을 조율하는 한계선의 제안은 항상 상대적으로 이뤄졌다. 이렇듯 절대적 수준보다 상대적 격차를 중시하는 이유는 윤리적 측면과 경제적 측면, 환경 정책적 측면으로 설명된다. 이를 차례로 살펴보면 21세기 초에 소득 격차 상한선과 관련한 생각이 발전한 까닭을 알 수 있다.

상대적 격차를 중시하는 첫째 이유는 도덕적 차원의 문제인데, 부유층이나 빈곤층에서 조심스럽게 혹은 노골적으로 표현되는 이 '도덕적 원인'에 따르면 불평등은 한 사회에서 통용되는 정의 규범에 비춰봤을 때 '받아들일 만하다'거나 '용인할 만한 수준'이어야 한다는 것이다. 사회학 분야 연구

조사는 사람들이 체감하는 불평등 수준을 가늠하게 해주었는데, 연구 결과 프랑스 국민 80퍼센트는 불평등이 도를 넘어선다고 판단했다. 아울러 바람직한 최저생계비와 최고 소득수준에 대해서도 주저 없이 자신의 견해를 피력했다.[2]

상대적 격차를 중시하는 둘째 이유는 두 가지 경제적 논거로 설명된다. 첫 번째 논거에 따르면 우리는 부의 과잉을 줄임으로써 재정적 빈곤과 단절할 수 있으며, 그렇지 않더라도 이를 현저히 감소할 수 있다는 것이다. 이는 정확한 판단이다. 선진국은 최고 소득층의 소득 가운데 이들의 생활에 현저한 영향을 미치거나 경제에도 손해가 되지 않을 정도로 경미한 소득 일부를 재분배함으로써 재정적 빈곤을 줄일 수 있었으며, 나아가 이를 근절하는 상황에 이르렀다.[3]

두 번째 경제적 논거는 2008년 서브프라임 위기와 더불어 대두되었는데, 그 논리는 다음과 같다. 당시 부자들은 손에 쥔 막대한 자금으로 높은 수익률을 올릴 방법을 찾는 데 혈안이 되었고, 수백만 가정은 빈곤에 허덕이는 상태였다. 이 같은 부의 과잉과 가계의 빈곤으로 고위험 금융 상품이 탄생한다. (이 상품의 '리스크'는 결과적으로 서민 가정과 납세자가 부담한다.) 전 세계 부자들은 자신들의 통제 아래 있는 금융 기관을 통해 고리로 서민 가정에 돈을 빌려주고, 높은 채무를 떠안은 가정에서는 자신들이 보유한 부동산의 가치가 꾸

준히 올라가기를 고대한다. 이 사건을 계기로 막대한 부의 격차가 다시 한 번 도마에 올랐고, 사람들은 빈부의 극심한 격차가 위기의 원인이자 금융 탈선의 원인이 될 수 있다는 사실을 인식했다.

부의 상대적 격차를 줄이고자 한 셋째 이유는 환경 차원의 문제다. (지구 자원의 한계를 매우 늦게 의식하긴 했지만) 천연자원이 한정된 상황에서 부유층의 자원 소비량은 서민층의 자원 소비량과 비교가 안 될 정도였다. 이 같은 자원 소비 행태에 따른 환경적 압박이 커지자 한쪽의 넘치는 부가 다른 한쪽의 정상적인 생활을 불가능하게 만드는 상황에 이르렀으며, 후자는 자연이 '상한선'을 정해둔 필수 공공재를 빼앗기는 바람에 생존 자체가 불가능했다. (관련된 모든 지표가 지속 가능한 선을 넘어섰다고 알린 지 한참이 지난 뒤였다.) 따라서 문명을 존속시키기 위해서는 불평등의 축소가 절대적으로 필요했다.

얼마 뒤인 2020년, (개인과 국가의) 생태 발자국 지수*가 전면적으로 확대되면서 부의 절대적 상한선과 상대적 기준

---

*인간이 자연에 가하는 압박을 수치화한 생태 지표. 인간이 자연을 소비하고 그에 따라 생성되는 폐기물을 다시 자연이 흡수하는 데 필요한 생산 면적을 측정하는 척도다.

을 연계시키는 작업이 펼쳐진다. 이에 따라 사람들은 고갈될 위기에 처한 천연자원을 점점 더 아껴 쓰기 시작했다. 인간이 살 만한 기후를 유지하고 수자원을 보호하며 경작 가능한 농지를 확보하려는 노력과 함께, 여러 원자재와 몰라보게 줄어든 생물 다양성을 지키려고 노력한 것이다.

소득 상한제 혹은 준 소득 상한제는 과거에도 존재

2010년 즈음에 '수용 가능한 최고 소득', 최고 임금, 최상위 소득에 최고 100퍼센트 과세 구간을 상정하는 소득 누진과세를 비롯한 여러 제안이 봇물 터지듯 쏟아져 나왔다. 2008년 무렵부터 상황의 심각성을 일깨우는 사회적·환경적 실태가 하나둘 늘어갔고, 이에 따라 불평등의 심화에 반대하는 각계의 목소리가 높아졌기 때문이다. 각국의 '분개한' 시민은 다양한 형태로 반대 운동을 펼쳤고, 이는 날이 갈수록 규모가 커졌다. 이들과 빈곤퇴치협회는 물론 '아연실색한' 경제학자부터 녹색 NGO까지, 대다수 삶에 비춰본 부의 과잉 현상에 대한 비판은 이제 어디에서나 볼 수 있는 일이 되었다. 심지어 이 같은 반발에 면역이 생긴 듯한 언론 매체나 집단도 이런 움직임에 '감염'된다. 예를 들어 경제 전문지 《렉스팡시옹 L'Expansion》은 2010년 12월 1일자에 파리 증시의 40대 우량 기업에서 산출되는 부의 재분배가 얼마나 부당한지 9페이지에 달하는 특집 기사로 내보냈다.

(상대적으로 평가된) 부의 상한선 제정이 가져온 효과를 판단하기 위해 일각에선 이른바 '30년의 영광'이라고 불리던 경제 부흥기에 여러 나라가 이 같은 조치를 취했다고 일깨운다. 이 시기 다른 나라에도 비슷한 행보가 나타났지만, 가장 많이 언급되는 사례는 미국이다. 참고로 미국은 2000년대 선진국 가운데 가장 불평등한 나라로 꼽혔다. 1942년 미국의 프랭클린 루스벨트Franklin Roosevelt 대통령은 "어떤 미국 시민도 (세후) 소득이 연간 2만 5000달러를 초과해서는 안 된다"고 선언했다. 이는 2011년 기준으로 볼 때 40만 달러에 해당하는 금액이다. 실제로 루스벨트 대통령은 최고 세율 구간에 88퍼센트에 달하는 세율을 부과하는 소득 관련 세제를 수립했다. 그리고 1944~1945년에 이 세율은 94퍼센트로 올라간다. 1951~1964년 최상위 세율 구간에는 91퍼센트가 부과됐고, 이어 1981년까지 70~75퍼센트 선이었다.

미국에서 현실이 된 이 '이상적인' 정책이 어떤 영향을 미쳤을까? 다른 원인도 작용했지만, 특히 다음의 그래프에서 보여주는 바와 같이 향후 30년간 미국 내 부의 불평등이 축소되는 데 크게 기여했다. 이 그래프는 1917~2006년 미국의 최상위 소득자 10퍼센트가 전체 소득에서 차지하는 비율

미국의 소득 불균형 그래프(1917~2006년)

판독 예시 : 1917년 미국의 최상위 소득자 10퍼센트가 전체 소득의 41퍼센트를 차지했다.

을 나타낸다.

　최고 소득의 한정이라는 개념이 도덕적 측면에서도 필요하긴 하나, 과거의 선례로 미루어볼 때 이는 불평등 심화가 극심한 경제 위기를 초래한 원인 중 하나로 판명 났을 때 그 해법이 될 수도 있음을 시사한다. 그런데 2008년부터 유럽의 경제는 이 중대한 위기 상황과 정확히 일치했다.

소득 격차 상한선이 정해진 사회는 어떤 모습일까?

격론이 일었지만 불평등이 심화됨에 따라 사회 통합이 가로막히는 상황이었다. 이에 소득 격차 상한선을 제정하자고 주장하는 사람들은 고민의 방향을 크게 다섯 가지로 구체화했다.

❶ 사회 구성원 모두 납득할 만한 소득 격차의 수준을 정하는 정당한 주체는 누구이며, 어떻게 이 수준에 도달할까? 권위주의 정부가 아닌 다음에야 이 답을 찾기란 불가능한 일인 것 같았다. 대대적인 사회적 합의를 이끌어내야 하고, 따라서 전보다 수준 높은 민주주의가 필요했기 때문이다. 새로이 권력을 쥔 시민은 여러 차례 시민 총회를 마련하여 '모두 함께 정의 모색'이라는 슬로건을 내걸고 진정한 제도의 민주화를 주장했다. 이 같은 시민 총회의 결론은 의회의 어쭙잖은 논의와 비교도 안 될 만큼 평등의 원칙에 충실했다. 고위층으로 구성된 종전 의회가 돈 많은 이익집단의 요구에 끌려가며 이들의 입장을 대변했다는 것을 모르는 사람은 없었다.

❷ 소득의 불평등은 생활환경의 불평등을 야기하는 여러 원인 가운데 하나다. 소득 격차 상한선을 정한다고 사회보장제도를 축소하거나 공공서비스의 질을 떨어뜨린다면 그 효과

가 미미할 것이다. 통계청에 따르면 공공서비스가 불평등 해소에 기여하는 바는 사회복지 급여보다 두 배 더 높다고 한다. 따라서 소득 격차 상한선을 정해둔 사회는 사회적 평등을 가져오는 다른 요소를 전과 동일하게 유지해야 했다.

❸ 임금 소득 격차의 상한선을 먼저 정해야 할까, 아니면 자본소득과 재산소득 격차의 상한선을 정해야 할까? 부동산소득이나 투자금의 이자소득, 배당금, 시세 차익 등의 자본소득과 재산소득은 최상위 소득자의 소득 구성에서 가장 큰 비중을 차지했다. 상위 0.1퍼센트 소득층의 소득 구성에서 3분의 2 이상은 자본소득과 재산소득이 차지하고, 상위 0.01퍼센트 소득층은 이 비율이 4분의 3으로 높아진다. 하지만 현실적으로 고임금 소득은 상당 부분 투자 소득으로 불어난다. 본인의 역량과 재능, 노력에 따른 보수라는 엄밀한 의미에서 이는 '진정한 근로소득'이라고 할 수 없으며, '금융시장 관련 급여'로 봐야 한다. 그러므로 모든 소득에서 소득 격차의 범위가 줄어야 했다.

❹ 소득 격차 상한선을 제정할 때 오로지 세금 제도에 기반을 둘 수 있을까? 그렇지 않다. 이는 여러 가지 이유로 설명된다. 우선 세금 제도는 상위 소득자의 소득 초과분을 제한

하는 데 효율적이지만, 최저생계비나 최저임금을 끌어올리는 데 전혀 도움이 되지 않았다(최저생계비는 세액공제를 통해 올릴 수 있으나 그 효과는 제한적이었다). 뿐만 아니라 빈약한 급여의 원인 중 하나인 반 자발적 시간제 근무를 근절하는 데도 무리가 있었다. 이어 (생산 활동에 참여함으로써 얻는 세전 근로소득과 자본소득 등) '본원 소득'에서 생기는 격차를 줄이는 데 세금 제도에 지나치게 의존하다 보면 본원 소득이 급속히 늘어나는 것을 막을 길이 없다. 그렇게 될 경우, 세금 제도는 불평등이 도를 넘어선 뒤에야 가까스로 이를 잡으려는 미봉책에 머무를 공산이 크다. 그러므로 법의 구속력을 통해 기업에서 임금격차를 설정하고, 자본소득의 상한선을 정할 필요가 있었다.

❺ 소득 격차를 줄이기 위한 '효과적인' 상한선 설정으로 개인과 사회가 얻는 이득은 무엇일까? 이 제도는 2020~2030년 여러 측면에서 상당한 효과를 보았으며, 심지어 대대적인 사회운동이 일어난 2014년부터 그 효과가 나타났다. 2010년 초 "부유층과 빈곤층은 여전히 존재하며, 앞으로 두 계층은 영원히 사라지지 않을 것"이라는 악의적 주장이 제기되면서 이 같은 긍정적 전망을 은폐하고자 하는 움직임이 있었으나, 실제 결과는 정반대였다. 당시 제기된 가설은 1인 가구 기준

최저 월 소득 1000유로(약 124만 7000원), 최고 월 소득 1만 유로(약 1247만 원)의 하한선과 상한선을 정하자는 것이었다. 이는 상당히 이상적인 수치로 보였지만, 국민이 바람직하다고 생각하는 최저치와 최고치에 대한 인식 조사를 고려하면 현실적인 수준이었다. 이를 통해 900만 명에 가까운 국민의 생활이 개선될 수 있었고, 일부는 상당한 생활 변화를 경험하는 한편, 대다수 국민에게는 굉장한 생활 개선이 가능할 수 있었다(참고로 2011년 기초 사회연대 수당(RSA : 실업자와 극빈자 보조 수당)은 467유로(약 58만 원)다).

국제적 차원에서 진행된 여러 통계조사 결과도 이 같은 제안에 힘을 실어주었다. 웰빙 지수와 (보건, 교육, 치안, 폭력, 양성평등 등) 인간·사회개발 지수가 소득 평등 수준에 연동하여 긍정적인 방향으로 현저히 개선되었으며, 이와 관련한 주제로 집필된 책도 여러 권이었다. 다만 사회적 저항이 꽤 많았는데, 2011년 10월에는 '부자들의 대통령'이라 불리던 한 대통령이 측근에 지시해서 꾸민 보고서를 통해 자신의 임기 동안 빈곤이 현저히 감소하는 한편 상당한 발전이 있었다고 역설했다(사업가들과 유착 관계를 유지하며 금권정치를 해서 '부자들의 대통령'이라 불린 이 인물은 루스벨트 대통령과 달리 역사에 그 이름이 남지는 않았다). 하지만 속이 뻔히 들여다보이는 수작이었기에 그는 결국 자기 꾀에 넘어가고 말았다. 여러 곳에서 통계조사가 제대로 진행되고 그의 통계적 꼼수가 사기로 판명되어 여러 단체의 비난을 샀기 때문이다. 심지어 유럽연합통계청Eurostat에서도 그의 통계 수치에 반박했다. 이 기관에 따르면 유럽이 2001년부터 재정적 빈곤에 대한 공식적인 통계적 정의를 마련해둔 이유는 오로지 각국의 총리나 대통령이 자기 맘대로 하지 못하도록 하기 위함이었다고 한다.

위기 극복을 위한 해법

걱정스러운 방향으로 흘러가던 환경 위기의 해법과 관련하여 소득 격차 상한선은 어떤 영향을 미쳤을까? 양적으로나 질적으로 동일한 물질적 생산 자원의 소비에서 한쪽은 많이 소비하고 다른 한쪽은 적게 소비한다는 문제에 국한됐다면 환경적 측면에서 영향은 전무했을 것이다. 그런데 2010년경 이 문제와 관련해 여러 저서를 낸 에르베 켐프Hervé Kempf가 비교적 예리한 사회학적 논증을 보여준다. 그의 주장은 다음과 같다.

"굉장히 불평등한 사회에서는 어떤 일이 벌어질까? 이런 사회에서는 낭비가 만연한다. (경쟁적으로 과시적 소비를 일삼는) 소수 상류층의 과소비가 사회 전체에 본보기로 작용하기 때문이다. 이에 저마다 자신의 소득 한계 내에서 가장 값

비싼 재화를 끌어모으려고, 가장 있어 보이는 티를 내려고 노력한다. 미디어와 광고, 영화, 드라마, 유명인의 뒤를 쫓는 주간지 《피플People》 등은 지배적 문화 모델의 확산 도구가 된다. ……여기에서 우리는 불평등 문제가 결정적인 작용을 하고 있음을 깨닫는다."

2차 대공황이 올 때까지 주주 자본주의, 이에 편승하는 정계와 언론계에서는 대다수 시민이 공정하고 합리적이라고 생각하는 척도를 지극히 이상적이라거나 위험한 발상으로 치부했으며, 일부 좌파의 정책안에서 이런 부분이 사라지기도 했다. 그런데 2008~2015년에 불거진 다양한 위기는 정의의 기준에 대한 사람들의 경각심을 일깨웠다. 특히 이는 정의 실현을 앞당길 수 있는 기준을 마련하는 방향으로 나아갔다. 불평등의 골을 깊게 만드는 주요소이자 지구적 위험 원인이 되어버린 민간 금융 분야가 국유화되어 완전히 통제된 것이다. 1980년부터 2010년까지 '처참한 30년'만 해도 각국의 정부는 당시 '금융시장'이란 완곡한 표현으로 불리던 대규모 투기꾼과 대주주에게 통화량 조절과 신용 관련 업무, 화폐 운용 업무 등을 맡겼는데, 22세기 초 사람들의 시각에서 이는 상당히 놀라운 일일 수 있다. 현재 이 분야는 모두 공공재에 속해 오래전부터 관련 주체가 민주적 방식으로 운영하기 때문이다(참고로 2030년 이후에는 세계화폐와 더불어 지역이나 현지의 수많은 '연대' 통화가 병용됐다). 역사학자들은 민주주의가 약화된 이 시기의 위정자들이 대규모 민간 이익집단의 '대리인'이자 '자산 관리 변호사'였음을 밝혀주었다.

소득 격차 상한선을 주장하던 사람들은 과거의 이 같은 위기를 계기로 종전 질서에 항거하고 새로운 질서를 정립하는 기회를 잡았다. 그러므로 당시의 위기는 2000년대까지 남녀에게 모두 꿈의 차원에 머물러 있던 것을 현실적인 프로젝트로 변모시키는 데 기여한 셈이다.

---

1 이 글은 2011년 10월 28일, 라비데지데la Vie des Idées 사이트에 처음 게재되었다. http://www.laviedesidees.fr/Quand-les-ecarts-de-revenus-furent.html 참고.

2 Jean Gadrey, 〈L'éventail acceptable des revenus : Platon, Georges Marchais, etc.〉참고. 2008년 11월 17일.

3 Jean Gadrey, 〈Si on prenait un peu aux riches, ça ferait combien pour les pauvres?〉, 2010년 1월 11일.

3

제비뽑기
혁명[1]

이브 생토메 Yves Sintomer

김영란 옮김

민주주의 절차에 제비뽑기 방식을 도입한 프랑스 제6공화국 수립 100주년을 맞이하여 시민 의식 선도와 시민 권리부는 한 사학자 단체에게 이 역사적인 전환점을 되짚어볼 것을 부탁하여 젊은 세대의 이해를 도모하고자 했다.

역사를 돌이켜보면 2010년대는 프랑스 정치 구조가 급변한 시기다. 이 시대 사람들은 당시 진행되는 변화의 중요성을 미처 알아차리지 못했으나, 변화의 징후는 차츰 쌓여갔다.

초창기 실험적 시도

유럽생태녹색당 메스Metz 지부는 2011년 3월에 예정된 읍면 단위 지방선거에 출마할 후보를 제비뽑기로 선정하기 위해 2010년 12월 12일 한자리에 모였다. 탁자 위에는 모자 세 개가 놓여 있었다. 한 모자에는 네 개 선거 지역이, 다른 모자에는 자원한 남성 출마자 이름이, 나머지 모자에는 여성

출마자 이름이 들어 있었다. 한 당원이 먼저 선거 지역을 뽑고, 이어 남성 후보자 이름과 여성 후보자 이름을 번갈아 뽑아서 모든 선거 지역에 남녀가 동수로 선정되도록 했다. 이런 방식을 사용함으로써 사명감이 생겨났다. 선거전에 뛰어들리라 상상도 못 해본 사람들도 종국에는 자신이 참여할 만한 자격이 있다고 느꼈다. 과거에 의회 자문 역할을 비롯해 아무리 작은 공직이라도 몸담은 적이 있는 사람은 후보에서 제외되었다.

선거운동 기간에는 모두 한 팀으로 긴밀하게 협조하며 후보자의 성장을 도왔다. 제비뽑기로 선정된 후보자가 선거에 힘이 부칠 때는 선거운동 기간 동안 메스에서 조제 보베José Bové의 지원을 받을 수 있었다. 조제 보베는 1990년대 말 패스트푸드의 대명사인 맥도날드 매장을 파손해서 유명세를 탔으며, 21세기에 조금씩 자리 잡아간 '지속 가능한' 농업의 개척자이자 농민운동가다.

많은 우려에도 선거 결과는 만족스러웠다. 도 단위 지방선거의 평균치에 견줄 만한 득표율 10퍼센트를 기록했기 때문이다. 일부 당선인과 갈등이 불거질 때도 있었지만, 이 새로운 시도에 뛰어든 당원들은 굉장한 결속력과 팀워크를 보여주었다.

사회운동 단체 출신 후보자는 이런 방식의 장점을 다음과 같이 이야기했다. "제비뽑기 방식은 계속 정치에 몸담은 이들, 정치란 타인이 함부로 손댈 수 없는 자기들의 영역이라 간주하던 이들에게 그렇지 않다는 걸 보여주었다." 다른 후보자는 제비뽑기의 추진 동력에 대해 오랫동안 지지부진하다가 2011년 3월 11일 후쿠시마 사고를 계기로 원자력 에너지의 포기를 이끌어낸 핵 반대 운동에 견주면서 다음과 같이 묘사했다. "제비뽑기는 아직 물밑에 있는 운동이지만, 언젠가 대대적인 변혁을 일으킬 수 있다."

2011년 10월 9일과 16일 일요일, 대통령 후보자 경선에서 한 표를 행사하기 위해 좌파 유권자들이 대거 발걸음을 옮겼다. 몇 달 전만 해도 좌파의 승리를 불신하는 유권자들이 많았다. 민주 절차가 시민에게 주권을 다시 부여하기 충분하다고 여기던 개혁자들은 실망했다. 경험은 사람들의 머릿속에 각인되었고, 역사는 급변했다. 2011년 말 그리스가 파산했고, 2012년 초에는 포르투갈과 아일랜드가 그 뒤를 따랐다. 같은 해 6월에는 이탈리아가 파산했다.

이처럼 긴박한 상황에서 2012년 5~6월, 대통령 선거와 총선에서 좌파가 승리했다. 은행들은 혼돈에 빠졌고, 프랑스의 국가신용 등급은 급락했으며, 유로존은 혼란에 휩싸였다. 국가 채무는 걷잡을 수 없을 정도로 커졌다. 사회운동이 프랑스 전역을 뒤흔들었고, 시민은 이를 지지하는 방식으로 불안과 불만을 표출했다. 레지스탕스 출신 90대 학자 스테판 에셀Stéphane Hessel은 2010년 《분노하라Indignez-vous!》라는 책을 출판하여 전 세계적인 성공을 거뒀는데, 그를 중심으로 모인 분노한 시민은 은행과 정치인의 잘못으로 생겨난 부채를 떠맡는 것을 거부했다. 이는 정당과 무관한 시민사회 차원의 운동이었다. 그들은 바스티유Bastille 광장을 점거했다.

7월에는 대혼란이 일었다. 우파는 이 전쟁터에서 물러나 있었지만, 좌파 내부의 경쟁은 치열했다. 환경주의자들과 공산주의자들은 정부에게 등을 돌렸고, 사회당 경선에서 탈락한 아르노 몽트부르Arnaud Montebourg*와 세골렌 루아얄 Ségolène Royal은 새로운 선거를 촉구했다. 새 대통령 프랑수아 올랑드는 방어적인 자세를 취했다. 마르틴 오브리Martine Aubry 국무총리**는 이 상황을 이용해서 총리의 영향력을 보여주었다. 개헌 절차가 급물살을 타도록 상원과 하원의 좌파 의원을 대부분 설득한 것이다.

---

* 올랑드François Hollande 정부의 산업재건부 장관.
** 이 글은 2011년에 작성되어 2012년 대선 이후의 묘사에서 현실과 다른 점이 있다. 2012년 대선에서 프랑수아 올랑드가 대통령으로 당선되었으나, 당시 국무총리는 장 마크 애로Jean-Marc Ayrault였다.

아이슬란드의 선례

당시 메스의 새로운 시도에 대대적인 논쟁이 불거지긴 했으나, 아이슬란드가 시범 사례로 자리 잡았다. 아이슬란드는 유례없는 민주주의 실험을 한 뒤 국민투표로 새로운 헌법을 도입했다. 2008년 은행들이 도산한 뒤 대거 시위가 일어나면서 조기 총선이 실시됐고, 그 결과 좌파 연합이 집권했다. 아이슬란드 국민은 연속된 두 차례 국민투표를 통해 정부와 은행이 합의한 협의안을 거부했다. 동시에 정치제도와 경제구조가 기반으로 삼아야 할 기본 가치를 발현하고자 제비뽑기를 통해 선정된 1200명과 유력 인사 300명으로 구성된 시민의회가 시민단체의 주도 아래 결집되었다.

2010년 11월에도 같은 실험이 반복되었다. 이번에는 국가의 지원을 바탕으로 진행되었다. 시민의회는 성별·지역별 쿼터제에 따라 무작위로 선정된 시민 1000여 명으로 구성되었다. 시민의회의 임무는 헌법 개혁을 위한 중심 틀을 마련하는 것이었다. 시민의회의 활동은 본보기가 될 만했다. 사전에 조직되어 중립적인 진행자가 주도하여 활성화된 소그룹별 업무는 전자 주민 총회 방식으로 통합되었다.

이어 '일반' 시민 25명으로 구성된 헌법 자문단이 선출되었다. 이 선거에는 후보자 523명이 출마했고, 선거운동은 최소 규모로 꾸려졌다. 헌법 개혁안은 준비되는 대로 온라인상에 업데이트되었고, 페이스북과 트위터, 플리커 Flickr 등 주요 SNS를 통해 댓글을 달거나 의견을 제안할 수 있었다. 국회는 시민에게 입법 업무를 위임하는 데 동의했고, 시민이 만든 입법안에 부차적으로 수정 작업만 더해줄 뿐이었다.

제6공화국으로 이행 : 정치의 근본적인 변화

2012년 여름, 압박을 느낀 프랑스 상원과 하원은 제비뽑기로 선정된 시민의회에게 새 헌법 개혁안을 구상하는 임무를 부여했다. 2000년대 브리티시컬럼비아 British Columbia 주에서 시민의회가 선거 방식에 대한 법안을 작성한 경험에서 영향을 받은 것이다. 8월 초, 프랑스 사회의 다양성을 상징하는 시민 대표 1000명이 선발되었다. 시민 의원은 국회의원급 보수를 받으며, 소그룹별로 넉 달 동안 교대로 근무하고 총회에 참석했다. 그 과정에서 사회단체와 정책 책임자, 전문가를 주축으로 공청회를 열기도 했다. 온라인상에 밀려드는 협력의 손길은 과감한 개혁안을 만드는 데 기여했다. 의회 논의 과정 일부는 TV로 중계되었고, 모든 회의는 인터넷으로 시청할 수 있었다. 대중은 토론을 관심 있게 지켜봤다. 혁신적인 정치인들은 이런 움직임에 동참하여 상대 세력을 제압했다. 2012년 12월, 시민의회가 고심 끝에 마련한 헌법 개혁안을 국민투표에 부쳤다. 헌법 개혁안은 대다수 시민이 찬성하여 통과되었고, 이로써 제6공화국이 탄생했다.

그 결과 프랑스 정치제도는 완전히 바뀌었다. 대통령은 여전히 보통선거로 선출되지만 국가를 통치하지 않는다. 대통령의 역할은 국가를 대표하고, 장기적으로 체제 유지를 책임지는 것이다. 정부 수반으로서 임무도 같은 논리에 따라 정부의 모든 보직으로 재분배되었다. 이제 직무 겸직은 엄격히 금지되며, 모든 선거에서 다수 득표당 프리미엄 비례대표제[*]가 적용되었다. 의사 결정권이 있는 국민 발의 총 투표는 구 단위부터 국가 단위까지 모든 단계에서 합법화되었다. 제비뽑기로 선발된 대표자들로 구성된 제3의회도 탄생했다. 제3의회는 장기적으로 균형을 유지하기 위한 감독 역할과 함께 거부권을 부여받았다. 제3의회는 임기 중 법정에 선 정치적 책임자를 문책하고, 정계 관행을 개선할 권한이 있으며, 모든 절차는 국민투표로 결정했다.

당선자 선발 방식도 상세한 규정을 통해 근본적으로 개혁되었다. 대통령 선거를 비롯해 남녀 두 그룹으로 나뉘어 후보자 리스트에 오른 다른 선거의 후보자들은 경선을 통해 지

---

[*] 최다 득표한 정당이 비례대표에서 무조건 과반수(51퍼센트)를 차지하는 비례대표제.

명되었다. 경선은 모든 시민이 참여할 수 있으나, 소규모 정당은 조작을 방지하기 위해 지지자들에게만 공개하기도 했다. 그 외에는 각 정당이 원하는 방식대로 자신들의 재원 가운데 제비뽑기로 후보자를 선정했다. 임명될 자리보다 최소한 네 배 이상 많은 수에서 제비를 뽑아야 하며, 남녀 동수를 지키는 것이 원칙이다.

따라서 모든 의사 결정과 지도자 선발은 선거, 국민투표, 제비뽑기의 혼합 형태로 진행되었다. 시민은 경선을 통해 정부의 최고위직까지 좀더 나은 선택을 할 수 있으나, 대통령 선거에 미치는 영향은 적었다. 보통선거는 계속해서 주요 정치적 균형을 잡아주었다. 직접적으로 참여하는 민주주의 요소 덕에 시민은 입법 과정에 관여할 수 있었다. 직무 겸직 금지와 제비뽑기는 정치 대표자 선택의 폭을 넓히고 다양하게 만들었다. 무작위 선출 방식으로 후보자 리스트를 정함으로써 종전 정당 운영 방식에서 나타나는 고질적인 인적 갈등을 줄일 수 있었다. 무작위 선출 방식은 제3의회의 공정성을 보증했다. 미래지향적인 제3의회는 올바른 정치 관행을 확립하고 근시안적인 선거판과 단절할 수 있었다.

사회정의를 실현하고 국가의 현대화를 이룩하며, 친환경으로 전환하고 엄격한 긴축재정을 실천하는 등 과감한 결정 덕에 프랑스는 경제 위기에서 조금씩 벗어날 수 있었다. 새로운 제도 장치는 문제를 쉽게 해결할 수 있도록 했고, 민주적 토론의 질을 높였으며, 정치계의 자기 폐쇄적 구조를 크게 개선했다. 이를 토대로 잡힌 균형은 그 후 지속적인 기반으로 여겨졌으며, 이 기반은 21세기의 친환경적·민주주의적 요구에 더 잘 부합했다.

---

1 이 글은 2011년 11월 8일 라비데지데 사이트에 처음 게재되었다. http://www.laviedesidees.fr/La-revolution-du-tirage-au-sort.html

4

우리는 왜 결혼 제도를 폐지했나 [1]

: 사생활 영역의 에우토피아

프랑수아 드 생글리 François de Singly

김자연 옮김

2048년 결혼 제도가 폐지되면서 성별을 구분 짓는 사회 구성 방식과 친자 관계의 개념이 완전히 바뀌었다. 이런 변화는 이상향을 꿈꾸던 사람들이 이뤄낸 역사적인 진전이나, 21세기 초만 해도 이들의 움직임에 관심을 기울이는 사람은 거의 없었다. 우리의 삶을 바꿔놓은 이 변화에 대해 살펴보자. 2

결혼 제도의 폐지

2048년 4월 27일, 국회는 노예제도 폐지 2차 법안 채택 200주년을 맞아 결혼 제도를 폐지하는 법안을 의결했다. 이에 따라 이후 결혼이라는 제도적 틀 안에서 살아가는 것은 법적으로 금지되었다. 20세기 후반 협의이혼 제도가 등장하고 2013년 성적 취향에 대한 자유 권리가 인정되었지만, 결혼 제도의 근간은 흔들리지 않았다. 결혼의 어두운 면은 이런 변화의 움직임 속에서도 배우자 간의 평등한 관계를 지속적으로 해치며 굳건히 살아남았다.

2040년대, 개인의 사생활 영역에 영향을 미치지 않는 결혼에 대한 꿈은 결국 허상에 불과했음이 드러났다. 두 사람이 함께하는 삶은 위험했다. 일의 분담은 어떤 식으로든 배우자 사이에 평등을 해쳤고, 특히 양성평등 문제를 가장 빈번하게 야기했기 때문이다. 19세기 중반에 존 스튜어트 밀John Stuart Mill이 해리엇 테일러Harriet Taylor와 결혼하며 원한 것들은 실제로 극소수 사람들에게서 실현될 수 있었다.[3] 밀은 이상적이고도 역설적인 혼인 서약서를 작성했다.

"내가 함께하고 싶은 유일한 여인과 (다행히 그녀의 동의를 얻어) 결혼으로 하나가 되는 이 순간, 우리는 종전의 법률이 규정하는 결혼 관계의 모든 특징을 전적으로 거부한다. 그녀는 모든 면에서 결혼하기 전과 동일하게 행동의 완전한 자유를 누릴 수 있으며, 그녀에게 속하거나 앞으로 속할 수 있는 모든 것을 자기 뜻대로 할 수 있다. 이것은 나의 생각과 의지를 담은 우리의 결혼 조건임을 선언한다."

존 스튜어트 밀은 해리엇 테일러와 논의한 내용을 바탕으로, 배우자의 사생활 영역에 영향을 미치지 않는 결혼이라는 이상향을 확대하여 1867년 선거법 개혁안 표결 시 '맨man'을 '퍼슨person'으로 대체하는 수정 법안을 제안했다. 사람과 남자를 뜻하는 '맨'이라는 단어의 중의성 혹은 결혼 제도에 감춰진 남성 우월주의를 없애고자 하는 것이 두 사례의 목적이다. 두 경우 모두 사회를 구성하는 데 중요한 요소로 작용하는 성별의 폐지를 목표로 했다. 같은 맥락에서 밀은 신분증에 성별을 기입하지 말자고도 제안했을 사람이다. 개인을 정의할 때 '남' '여'라는 표시가 다른 수많은 특성보다 의미 있을 수는 없지 않은가.

2040년대 결혼 제도 폐지 이야기로 돌아가자. 사람들은 고민을 거듭한 끝에 두 사람이 함께하는 삶의 방식은 본질적으로 위험하다는 것을 깨달았다. 두 사람이 함께 사는 한 어떤 식으로든 똑같은 결과로 귀착됐고, 사회생활에 미치는 영향은 달라지지 않았기 때문이다. 2028년 교과서 개정에 이어 2034년 크리스마스 장난감 카탈로그까지 수정되었지만, 그것으로 충분하지 않았다. 어린 여자아이들이 장난감 청소 도구를 선물로 받지는 않았지만, 어른이 되면 여자들이 집안일을 더 많이 하는 것에는 변함이 없었다.

19세기에 스튜어트 밀이 제안한 "결혼하기 전과 동일하게 누릴 수 있는" 것을 보장하는 결혼이라는 타협점이 21세기에는 받아들여지지 않았다. 1980년대 이후 동거하는 사람이 증가했으나, 이 역시 아무것도 바꾸지 못했다. 집안일의 불평등한 분담은 별다른 변화 없이 지속되었고[4] 배우자 한쪽, 주로 여성이 점차 부부나 가족의 일을 책임졌다.

결국 이런 숙명을 깨부수기 위해 시도할 수 있는 방법은 결혼 제도를 폐지하고 가족을 없애는 것뿐이었다.[5] 20세기 말 캐롤 페이트먼_{Carole Pateman}이 지적했듯이, 결혼 계약서나 동거 계약서는 아이러니하게도 어떤 면에서든 남성 우월주의를 종식시키지 못했다.[6] 제도의 공백을 용납하지 못하는 사회의 속성상 결혼 제도 폐지 이후의 사생활 형태를 여러 가지로 고안할 필요가 있었고, 2048년 이후 수십 년간 그런 노력이 계속되었다.

1인 가구

모든 것의 기본 원칙은 '개인 존중'이었다. 여기서 다시 고전을 인용해보면, 1차 세계대전이 끝나고 몇 년 뒤인 1929년에 출판된 《자기만의 방》[7]에서 버지니아 울프_{Virginia Woolf}는 모든 여성이 고정 수입 500파운드와 자물쇠가 달린 방 하나를 가질 수 있어야 한다고 주장했다. 버지니아 울프는 엄밀히 말해 에우토피아를 그리고 있었다. 모든 여성과 남성이 잠자는 공간뿐만 아니라 개인적인 활동도 할 수 있는 사적인 공간을 그린 것이다. 타인의 요구에 응할 필요 없이 글을 쓰거나 다른 모든 행동을 하기 위한 은둔과 칩거의 필요성은 자물쇠를 통해 표현되었다. 21세기 후반, 이런 '자기만의 방'은 타인을 맞이할 공간이 있는 독신 아파트라는 형태로 진화했다.

우리는 이전 세대와 달리 부부 대신 '가구'에 중점을 두며

성 역할을 구분했다. 2040년대까지 지배적이던 이성 부부의 모습은 평등의 문제를 넘어 여성과 남성이 항상 '다른 성에 대해 상대적인 성'을 구축하도록 만들었다. 실제로 이성 부부라는 형태는 '여성적' 혹은 '남성적'이라는 성 정체성부터 내세우며 남성과 여성이 사회적 성별의 관점에서 '보완적 관계'에 있다는 생각을 하도록 만들었다. 그래서 2048년 이후 대대적인 해방운동이 벌어진 시기에 사람들은 모든 면에서 남녀공학과 유사한 이성 부부의 위험성을 없앨 필요를 느꼈다. 한 학급에 남학생과 여학생이 공존하는 남녀공학에서는 동성 학급이라면 훨씬 더 중요했을 다른 요소를 부차적인 것으로 만들어버리기 때문이다.

결국 다른 성과 관계에 덜 의존적인 개인의 정체성 표현이 가능해야 했다. 평등은 해방의 여러 영역 중 하나일 뿐이고, 자신을 정의할 수 있는 자유 또한 중요한 문제였다. 결혼 제도를 폐지하기 전에는 법적인 부부든 그렇지 않든 두 사람은 상대에게 자연적 성별에 기반을 둔 정체성을 부과하려는 경향이 있었다. 《매디슨 카운티의 다리The Bridges Of Madison County》 여주인공은 남편이 아닌 다른 사람에게 인정받았을 때 자신이 '여자'로 느껴졌다고 말했다. 마치 '여자'라는 단어가 자신의 존재 전부를 나타내듯 말이다.

결혼 제도 폐지를 지지하는 사람들이 꿈꾸던 이상향에서

는 이런 식으로 자연적 성별을 자아와 동일시하는 현상을 없애고자 노력했다. 자아의 사회적 정의에서도, 두 가지 성이 모두 사회를 구성함에도 성별이 우위를 차지하는 현상은 주로 여성에게서 더 크게 작용했다. 《엘르ELLE》《마담 휘가로 Madame Figaro》《마리 끌레르Marie Claire》등 20세기 후반 '여성지'라 불린 유명 잡지들의 성공이 이를 방증한다. 마치 '여성'이라는 단어가 개인적인 세계를 구축하는 데 중요한 기준이 될 수 있는 것처럼 혹은 되어야 하는 것처럼 '여성지'라 이름 붙이며 범주를 나누었기 때문이다.

20세기의 저명한 사회학자 어빙 고프먼Erving Goffman은《성의 타협》에서 남녀 화장실의 구분이 개개인을 자연적 성별에 따라 양분하는 것을 어떻게 지속적으로 정당화할 수 있었는지 유쾌한 어조로 설명하기도 했다.[8] 공간에서 이렇게 성별을 구분하는 지표를 유지하는 것도 부부 간 성 역할의 구분이나 결혼 제도에 못지않은 영향력이 있었던 것이다.

양성의 불평등은 평등을 권장하는 조치만으로 해소될 수 없었다. (이 이상향의 본질이기도 한) 자연적 성별이라는 범주의 무게를 덜어내는 조치 또한 필연적으로 요구됐다. 사회적 정체성에서 (남자 혹은 여자라는) 성별 구분이 중심을 차지하는 한, 개인은 우선적으로 이 영역 안에서 자신을 증명해야 비로소 존재할 수 있기 때문이다. 그런데 성별을 구분하는 것, 특히 '여성스럽다'는 인식은 부부나 가족생활의 테두리 안에서 구체적으로 드러났다. 전통적으로 공적 영역과 사적 영역이 분리되어왔기 때문이다. 부부라는 굴레는 여성이 자신의 여성스러움을 여기저기에 드러낼 것을 강요하며 여성을 가둬놓았다.

20세기 후반부터 고용 시장에서 구인 광고에 성별을 표시하는 것은 금지되었지만, 그런 조치가 결혼 시장으로 확대되지는 않았다. 사회적으로 용인된 성별 중심의 사생활 영역에 해당하기 때문이다. 결혼 제도가 폐지되기 전인 2013년부터 허용된 성적 취향에 상관없는 개인의 결혼은 이성애자와 동성애자 사이의 평등한 대우를 이끌어냈을 뿐만 아니라, 성별이 결혼 제도로 들어가기 위한 조건이 아님을 증명해 보였다. 이는 성 범주화의 프레그넌스*를 약화하는 첫 번째 시도였지만, 전통적으로 부부 형태의 의미를 진지하게 문제시하지 않았기 때문에 완전하지 못했다. 이런 이유로 이후 성인 1인 가구가 사회적으로 정상적인 사생활 형태가 되었고, 22세기 초에도 문제가 되지 않았다.

---

* 대상의 형태가 더 분명하고 안정되고 단순하며 의미 있는 응집된 구조로 지각되거나 경험되는 경향. 형태심리학에서 체제화의 원리 가운데 하나다.

함께하는 삶

혼자서 그러나 함께. 이 에우토피아를 구성하는 두 번째 요소는 개인 공간과 공동 공간을 결합한 주거 공간이다. 이런 주거 형태를 고안해낸 사람들은 20세기 말 여성 노인들이 만든 주거 형태에서 영감을 얻었다(이후에는 수명 연장에 따라 이런 주거 형태가 자연스럽게 발전했다). 외로움이나 양로원 같은 느낌을 모두 거부하면서 '내 집'과 '우리 집' 사이에서 타협점을 찾은 주거 형태다. 그렇다고 해서 '공동체'가 우선시되는 생활 방식으로 돌아가자는 것은 아니다. 종전의 보수적인 가치와 질서에 저항한 68혁명 이후, 사람들은 '부르주아 부부'가 무조건 모든 벽을 허무는 공동체로 변하는 비상식적인 상황을 목격했다. 부부는 분업으로 쉽게 유지되는 공동체로 대체될 수 있는 것이 아니다. 다양한 측면에서 '나의 공간'과 '가까운 사람들의 공간' 사이에 균형이 잡히는 것이 가장 이상적이다. 그러므로 성인 1인 '가구'들을 가능하면 자율적으로 운영되는 공동 주거 공간으로 통합할 필요가 있었다. 몽트뢰이수부아 Montreuil-sous-Bois*의 여성 노인 공동체 '바바야가의 집 La Maison des babayagas'처럼 말이다.

＊ 파리 동북부 센생드니 Seine-Saint-Denis 지역에 위치한 공동체 마을 몽트뢰이 Montreui의 새 이름이다.

이것이 이 에우토피아가 공동체라는 이름으로 불려서는 안 되며, 개인을 기준으로 삼아야 하는 이유다. 이런 자치형 공동 주거 공간에 거주하는 한 독일 여성은 쉽지 않지만 각자를 존중할 필요가 있다고 강조했다. "우리는 모두 다른 길을 걸어왔어요. 우리 같은 나이에서 돌아볼 때 모든 사람들은 자신이 올바른 길을 찾았다고 생각하죠. 각기 다른 길이 열한 개인데 말입니다. 이게 어려운 점이에요." 약간 애처로운 목소리로 내뱉은 이 말은 오히려 긍정적으로 볼 수 있는 부분이다. 공동체는 태생적으로 차이점을 없애려 하고, 획일적인 힘의 관계를 강제하려 했기 때문이다.

잠재적인 공동 주거 형태와 결합된 이런 개인적 주거 공간은 2000~2010년대에 일부 부부들이 고안해낸, 가깝지만 독립된 두 집에서 따로 살던 주거 방식에 비교할 수 있다. 독립적 주거 공간 덕분에 헬가 크뤼거Helga Krüger와 르네 레비René Lévy가 당시 '주요한 위치Statut-maître'라는 용어로 지칭한 현상을 피할 수 있었다. 각각의 성에게 우선시되는 영역, 즉 여자에게는 가정, 남자에게는 직장이라는 영역이 존재하는데 이 때문에 여성은 결국 두 영역에서 모두 불평등하다는 것이다.[9] 글리다 샤리에Glida Charrier와 마리로르 데로프Marie-Laure Déroff는 사적인 공간에서 성을 분리해서 좋은 점이 "원래 그런 거야"라는 선입관, 특히 양성 간 당연시되는 일의 분담을 없앨 수 있도록 절충

하게 만들기 때문이라고 말했다.[10]

따라서 2050년대 이후에는 성인들이 1인 가구로 개별적 주거 공간을 소유하는 것이 낯선 모습이 아니었다. 사람들은 1인 가구를 토대로 자신이 원하는 형태와 내용으로 공동체를 만들었다. 19세기와 20세기 사회에서 흔히 상상하던 공동체처럼 집단의 공동소유나 공동 재원 축적 등은 필요하지 않다. 모두 '우리 집'이라는 틀 안에 자리한 개인의 집에 머물면서 공동의 결정을 통해 경계를 정한다. 이것이 포스트모더니즘에 대해 우리가 반성적으로 고찰한 결과다.

새로운 친자 관계

아이 문제까지 해결된다면 '자물쇠로 잠겨 폐쇄적이지만 가까운 이들, 즉 굳게 결속된 이웃의 주거 공간 덕분에 개방된 공간'의 발명이 모든 점에서 더할 나위 없이 좋을 것이다. 프리드리히 엥겔스Friedrich Engels가 《가족, 사유재산 그리고 국가의 기원》에서 사유재산 폐지 이후 진정한 부부의 출현을 꿈꿨을 때나[11] 나중에 앤서니 기든스Anthony Giddens가 '순수한 관계'를 사생활 영역의 기준으로 표현했을 때도[12] 이들은 아이에 대해서는 거의 혹은 아예 언급하지 않았다. 바바야가의 집과 같은 자율 운영 주거 공간이 우선적으로 나이 든 여성,

그다음에 대학생을 대상으로 한 이유도 여기에 있다. 어른들의 관계를 방해하는 아이가 없었기 때문이다.[13]

그런데 아이들은 어떻게 해야 할까? 플라톤이 주장한 대로 모든 아이를 위한 '공동 탁아소'를 만들면 될까? 그렇게 된다면 일단 출산 과정에서 사회적 불평등, 성에 따른 양육 불평등, 자연적 성별을 뛰어넘어 진정한 자기 자신으로 거듭나는 문제는 해결할 수 있다. 그러나 르네 스피츠René Spitz는 1940~1950년대부터 호스피털리즘*에 관한 연구를 통해 적어도 유년기 초반이라도 아이들에게 개인화된 (접촉) 관계를 만들어주는 것이 좋은 영향을 미친다는 점을 역설했다.[14] 지나친 공동체주의는 아이뿐만 아니라 어른에게도 개인의 발달에 해가 되게 마련이다.

그래서 2048년 이후, 결혼 제도 폐지의 효과를 완전하게 만들어줄 수 있는 새로운 친자 관계 제도가 생겨났다. 예전에 전통적인 방식이라고 여긴 한 남자와 한 여자의 성적 결합을 통한 출산은 오래전부터 통용되지 않았고, 출산 외에도 아이를 가질 수 있는 다른 방법이 분명 존재했다. 플라톤의

----

* 정상적인 자극이 결여된 상황에서 자란 아이들에게 나타나는 발달 지체. 질병에 대한 낮은 저항, 높은 사망률, 지적·운동적 발달 지체, 정서적 미숙 따위가 특징이다.

공동 탁아소가 아니라 일종의 공동 '입양'이 그 방법이다. 성별에 관계없이 한 개인이 부모 책임 계약서에 서명하면 여러 가지 특수 기술의 도움을 받아 아이를 가질 수 있으며, 아이를 위해 대모나 대부를 한 사람 이상 지정할 수도 있다.

2060~2070년대에는 과거에 논란이 된 '부모가 몇 명 필요한지' '부모의 성별이 왜 달라야 하는지' 등의 주제를 다시 한 번 돌아보고, 당시 사회에서 성별에 따른 우위를 정하며 겪은 혼란을 가늠할 수 있는 계기를 마련해주었다. 새로운 친자 관계 제도가 정착된 뒤 모든 아이는 각각 기준 성인(즉 부모) 한 명이 생겼고, 아이는 이 부모와 함께 같은 주거 공간에서 자기 방을 갖고 살며, 공동 주거 공간을 통해서 다른 어른들과 만날 수 있다.

2000년대에 대두된 '두 부모의 성별이 달라야 한다'는 주장은 개인의 정체성 가운데 자연적 성별이 차지하는 비중에 기반을 두었다. 남자아이가 남자로서, 여자아이가 여자로서 자신을 완성해가기 위해서는 엄마와 아빠가 한 명씩 필요하다는 것이다. 그래야 이 아이가 성인이 되어서 자신을 남성 혹은 여성으로 규정할 수 있기 때문이다. 그러나 우리가 계승한 이 이상향은 성별이 여러 범주 중 하나일 뿐, 중요한 위치를 차지하지 않는다는 인식을 현실로 만들기 위해 노력했다.[15]

···

　많은 제약에도 에우토피아는 양성평등 문제를 넘어선 범위뿐 아니라 양성평등의 내면까지 돌아볼 수 있는 기회를 만들어주었다. 사람을 성별로 분류하는 것을 당연하게 여기던 현상이 문제 되지 않고, 성별이 개인을 정의하는 데 중요한 기준으로 작용했다면 이 이상향은 이룰 수 없었을 것이다. 사생활의 미래는 존 스튜어트 밀과 해리엇 테일러가 생각한 것의 연장선상에 있었다. '남성' '여성'이라는 단어가 법률뿐만 아니라 세대를 이루는 데도 '사람' 혹은 '개인'이라는 단어로 대체되지 않았다면 성별에 따른 질서를 무너뜨리지 못했을 것이다. 자연적 성별과 사회적 성별을 기반으로 정의된 정체성이 준 영향은 20세기 말 등장한 퀴어 사조가 생각한 것처럼 너무나 오랫동안 성적인 영역에 한정되었다. 마치 문제를 해결하기 위해서는 사회적 성에 대한 강요를 조금 덜어내면 충분할 것처럼 말이다. 우리는 지금까지 이 이상향의 큰 맥락을 짚어보았는데, 그 모습은 우리가 상상한 것보다 훨씬 대담했다. 인간의 분류와 구별에서 지배적인 방식이던 성별에 마침내 종지부를 찍었기 때문이다.

1 이 글은 2011년 11월 4일 라비데지데 사이트에 처음 게재되었다. http://www.laviedesidees.fr/Pourquoi-nous-avons-aboli-le.html

2 Kaj Noschis, *Monte Verita. Ascona et le génie du lieu*, Lausanne, Presses polytechniques romandes, 2011.

3 John Stuart Mill, *L'asservissement des femmes*, Paris, Payot, Marie-France Cachin의 서문, 1975.

4 François de Singly et al., *L'injustice ménagère,* Paris, Pluriel, 2008.

5 Véronique Munoz-Dardé, ⟨Doit-on aboir la famille?⟩, *Comprendre*, 2001, n°2 참고.

6 Carole Pateman, *Le contrat sexuel* (1988), Paris, La Découverte, 2010.

7 Virginia Woolf, *Une chambre à soi* (1929), Paris, Denoël-Gonthier, 1977.

8 Erving Goffman, *L'arrangement des sexes* (1977), Paris, La Dispute, 2002.

9 Helga Krüger, René Lévy, ⟨Linking Life Courses, Work and the Family : Theorizing a not so Visible Nexus between Women and Men⟩, *Canadian Journal of Sociology*, 2001, vol. 26, n°2, pp. 145~166.

10 Gilda Charrier, Marie-Laure Déroff, ⟨À vendredi donc! Une vie privée non cohabitante pour réinvestir la vie publique⟩, in Barbara Lucas, Thanh-Huyen Ballmer Cao (dir.), *Les nouvelles frontières du genre*, Paris, L'Harmattan, 2010, pp. 145~156.

11 Friedrich Engels, *L'origine de la famille, de la propriété privée et de l'État* (1884), Paris, Editions sociales, 1954.

12 Anthony Giddens, *La transformation de l'intimité* (1992), Rodez, Le Rouergue/Chambon, 2004.

13 Anne Labit, Karine Chaland, ⟨L'habitat "solidaire" entre personnes âgées : une pratique émergente, un concept à construire⟩, Université de Toulouse-2, LISST, Vivre le vieillir, 2009. 3. 11~13.

14 René Spitz, ⟨Hospitalism. An Inquiry Into the Genesis of Psychiatric Conditions in Early Childhood⟩, *Psychoanalytic Study of the Child*, 1945, n°1, pp. 53~74.

15 François de Singly, ⟨La place variable du genre dans l'identité personnelle⟩, in Margaret Maruani (dir.), *Femmes, genre et société. L'état des savoirs*, Paris, La Découverte, 2005, pp. 48~51.

5

대탈주[1]

: 어느 교도소장의 추억

장 베라르 Jean Bérard

김영란 옮김

2112년 노년의 교도소장은 30년 전 네덜란드의 예를 본떠 자신이 작성한 '암스테르담 계획'에 대해 회상한다. 재소자 수를 줄이려면 어떻게 해야 할까? 갈수록 형사상 제재가 심해지는 법을 통과시키기 위해 소소한 사건 사고조차 부각하는 것이 옳은 일일까? 범죄가 진정 주요한 사회문제라고 할 수 있을까?

"반장님, 반장님! 큰일 났습니다. 한 명이 비어요. 탈옥한 것 같습니다."

연로한 반장 마르탱은 쉬레 교도관과 쿠트 교도관이 서 있는 317번 감방 문 앞으로 달려갔다. 반장은 절차대로 비상벨을 울렸고, 교도소 안의 모든 교도관이 한걸음에 달려왔다.

"반장님, 보십시오. 종이 상자로 머리를 만들어놓고 야간 순찰 때 눈치 채지 못하도록 꾸며놨어요."

반장은 감방 내부를 둘러보고 탈옥범의 수법을 알아차렸다.

"망할 자식, 내일이면 퇴직하는 나한테 이런 짓을 하다니!"

흥분한 교도관 몇몇이 감방 안으로 들어가려 하자, 쉬레와 쿠트 교도관은 장난이 지나쳐 상황이 심각해졌음을 깨닫고 사실을 털어놓았다.

"장난이에요, 여러분. 이 층에 남은 마지막 재소자는 오늘 아침에 출소했어요. 반장님이 아직 모르시기에 장난 한번 쳐본 겁니다."

교도관들은 투덜대며 돌아갔다. 확실히 교도관에게 탈옥은 달가운 일이 아니다. 그러나 2112년 여름 현재, 몽드마르상Mont-de-Marsan 교도소는 너무나 활기가 없다.

몽드마르상 교도소는 재소자 수가 증가하던 2000년대에 건설된 대규모 민간 시설로, 빠르게 쇠락의 길을 걸었다. 수십 년 전부터 재소자가 하나둘 줄었기 때문이다. 초기에는 수용 인원 700명으로 설계되어 최대 1100명까지 수용한 적이 있었으나, 재소자 감축 추세에 따라 올해 말 폐쇄될 예정이다. 시내 중심지 인근에는 30여 개 감방이 있는 소규모 교도소가 신설됐다. 타 교도소로 이감하거나 출소를 기다리는 재소자가 스무 명 남짓 있고, 이들 중 아무도 탈옥이라는 엉뚱한 생각을 떠올려본 적 없었다. 교도관들은 몹시 지루해했고, 특히 동료들이 '잘난 척 대장'이라고 부르는 쉬레는 장난치며 시간을 때웠다.

그런데 이번 장난에 울린 비상벨이 꽤 멀리 퍼진 모양이다. 비상벨은 자동으로 도지사와 검찰까지 전달되었고, 한 삼류 신문 기자는 취재를 위해 뇌레티 교도소장실 앞에서 기다리고 있었다. 교도소장은 사태를 수습하기 위해 컴퓨터 시스템에 문제가 생겼다는 거짓말로 얼버무릴 수밖에 없었다. 교도소장은 화가 단단히 났다.

다음 날 아침 교도소장실로 향하는 계단을 오르던 쿠트 교도관은 유독 불안해 보였다. 쿠트는 쉐레 교도관의 태평한 모습에 짜증이 났다.

"무슨 욕을 먹을지 모르는데 왜 이렇게 태평해?"

"걱정 마. 전에 교도소장실에 불려 가본 적이 있는데, 그냥 묵묵히 듣다가 재소자 수 감축 정책 이야기로 화제가 바뀌기를 기다리면 돼. 그게 브뤼셀 계획이던가 뭐던가."

사무실에서 나오던 소장의 귀에 마지막 대목의 브뤼셀이란 단어가 들렸다.

"아닐세, 쉐레. 그건 브뤼셀 계획이 아니라 암스테르담 계획일세. 어떻게 헷갈릴 수가 있나? 자네는 이 이름의 유래를 모르나?"

"글쎄요…… 자세히 모르겠습니다만, 소장님."

쉐레가 답했다. 교도소장이 자신과 쿠트를 소장실로 부른 이유를 잊은 듯해서 내심 기뻤다.

"지금부터 35년 전인 2077년, 형법 정책이 한계를 드러낸 때였지. 당시 이 교도소에는 침대를 여러 층으로 올리고, 바닥에도 매트리스를 깔아야 할 정도로 재소자가 많아 폭력 사태도 빈번했어. 유럽 전역 어디나 마찬가지였지. 그땐 몰랐지만 1975~2010년처럼 계속 상승하던 재소자 인플레이션이 극에 달한 시점이었네. 유일하게 다른 점이 있다면 우리가 더 많은 재소자에서 출발했다는 점일세. 2030년에는 재소자가 7만 5000명이었고, 내가 일을 시작했을 때는 12만 명이 있었다네. 1970년에는 인구 1만 명당 재소자가 6명이었지. 2000년대에는 1만 명당 10명, 21세기에는 20명까지 늘어났어. 이런 사실은 교정 행정국 산하 내 사무실에서 알게 되었지. 나는 베르나르 콜뱅 국장 밑으로 들어가 과장직을 수행하고 있었네. 6개월마다 형법 개혁안을 하나씩 제시하는 법무부 장관에게 국장이 저주를 퍼붓는 소리를 매일 사무실에서 들었어. 하루는 그 소리가 듣고 싶지 않아서 용기를 내어 국장에게 한마디 했지. 그 한마디가 어떤 결과를 초래할지 모르고 말일세. '국장님, 우리가 뭔가 해볼 수 있지 않을까요?' 그는 고민하다가 대답하더군. '이봐, 나는 2년 뒤 은퇴를 앞두고 있네. 언제나 내 직위 안에서 작은 시도를 해보고 있지. 우리가 정부 대신 결정할 권리는 없지만, 최소한 방향을 제시해줄 뭔가를 해볼 수 있을 게야. 몇 년 전부터 구체적으로 뭔가 새로운 시도를 제안하려고 하는데 못 하고 있네. 자네는 어디부터 시작해야 하는지 아나?' 나는 당연히 모른다고 대답했네. '바로 도서관이야. 현재 유럽 국가들은 다 같이

미련한 형법 정책을 펼치고 있어. 뭔가 새로운 걸 할 수 있다는 생각 자체를 잃어버렸지. 해결책이 될 수 있는 과거 경험을 되짚어 볼 필요가 있다네. 자네는 앞으로 6개월간 프랑스 국립도서관에서 연구하게.' 나는 국장의 견해가 탐탁지 않았어. 도서관에 있기 싫어서 논문을 포기하고 법무부에 일하러 왔는데 말이야. 나는 빠져나갈 방법을 찾았지. '국장님, 저의 모든 일과를 재무부에 보고해야 하는데 재무부에는 뭐라고 할까요?' 국장은 회심의 미소를 지으며 말했네. '자네 임무를 암스테르담 계획이라고 명명하지. 자네도 보면 알겠지만, 나는 교도소 사용 빈도가 가장 낮은 나라가 네덜란드라고 확신하네. 자네가 국토 개발의 활성화와 전략적 개선 방안에 대한 보고서를 쓰고 있다고 재무부에 말해두겠네. 재무부도 좋아할 게야. 결정됐네. 자네는 내일부터 임무를 시작하고, 매주 업무 진척 상황을 보고서로 제출하게.' 그는 콧노래를 흥얼거리며 자기 책상으로 돌아갔지. 나의 암스테르담 계획 임무는 이렇게 시작되었네."

뇌레티 교도소장은 당시 상황을 바로 전날 일인 양 그려냈다. 그러나 교도소장은 이내 생각에 잠겼다. 침묵이 계속되자, 쉬레는 자신이 사무실에 불려 온 이유를 교도소장이 다시 떠올릴까 봐 조바심이 났다. 쉬레는 이 이야기를 대강 알고 있었음에도 질문을 던졌다.

"그 보고서에는 어떤 내용이 있었습니까?"

교도소장은 말했다.

"많은 내용이 있었지! 예를 들어 당시 법정 장기형의 형량이 지속적으로 늘어났는데, 이는 무엇보다 형량 수정이 불가능한 '의무 수감 기간' 때문이네. 왜 이런 제도가 생겼는지 알아내기는 어렵지 않았어. 나는 역사책에서 그 제도가 오래된 것이 아님을 발견했지. 예를 들어 1978년 이전에는 없던 제도[2]일뿐더러, 이 제도를 투표에 부쳤을 때 좌파가 반대했네. 보고서를 작성하면서 가석방 없는 종신형이라는 미국의 제도에 대해 알게 되었어. 1960~1970년대에 종신형을 선고받은 미국 재소자의 평균 수감 기간이 17년이었네.[3] 어느 죄수든 언젠가는 출소해야 한다는 오늘날 관점에서 매우 긴 기간이지. 당시의 지배적인 형법 경향[4]과 반대되는 혁명적인 제안일세."

"그런 연유로 재소자 수가 증가한 것입니까?"

"부분적으로 그렇다네. 수치로 살펴보면 1980년대부터 수감 기간의 증가와 함께 재소자 수가 늘기 시작했다는 걸 알았지.[5] 정확한 원인은 모르지만 범죄자들이 대거 늘어나면서[6] 이런 경향이 악화되었어. 때로는 법률상의 변화가 없는데도 재소자 수 그래프는 바뀌었네. 이 점을 이해하기 위해 그 시절의 신문을 읽어봤는데, 언론과 정부가 사소한 사건 사고를 부각해서 재소자를 급증하게 만들었더군.[7]"

"이상하네요!"

"당시에 해결책을 찾기 어렵지 않았을 거라는 점도 이상하지. 내가 암스테르담 보고서를 작성하기 시작할 무렵 이웃 국가들은 치안 확립, 엄격한 형법, 교도소의 민영화를 진행 중이었다네.[8] 그런데 지금부터 한 세기 전 이와 유사한 핀란드의 선례를 따를 수 있었어. 핀란드는 유럽에서 가장 높은 수감률을 기록한 국가(1950년대 인구 10만 명당 187명)에서 가장 낮은 국가(2000년 인구 10만 명당 55명)로 바뀌었지.[9]"

교도소장은 일어서서 창문 너머를 바라보며 수많은 청중을 향해 말하듯이 이야기를 계속했다.

"소장이 우리 존재를 잊은 거 아닐까?"

쿠트는 속삭이며 안도했다. 더 듣고 싶은 쉬레는 조용히 하라는 신호를 보냈다. 소장은 계속했다.

"당시 프랑스는 관련 정책에 대한 보고서를 많이 남겼네.[10] 금고 최장 기간을 축소하고 보호관찰 아래 조기 가석방을 확대하며, 일시 구류를 강력히 제한하고 사회봉사 활동 같은 대안을 마련하는 정책과 이런 정책 방향을 견지하도록 만드는 정책이었지. 교정 행정 분야에서도 유럽의 전문가들은 재소자 인플레이션에 대응하기 위해 무작정 교정 시설을 늘리는 것은 안 된다고 주장했어.[11] 감사 보고서는 다급하게 지은 대형 교도소가 화약고와 다름없다는 걸 알려주었지.[12]"

"그런데 왜 아무도 조치를 취하지 않았습니까?"

"내가 오랜 시간 동안 이해하고자 노력한 게 바로 그 점이야. 프랑스는 비록 짧은 기간이지만 1980년대 초, 2000년대 전환기 등 올바른 방향으로 간 적이 있네. 그러나 정부는 그 때마다 임기 말에 방향을 바꾸고 말았지. 재소자 수 그래프는 다시 반등했네. 나는 사람들이 형법 문제에 대해 언급하는 방식을 본 뒤에야 조금 이해할 수 있었지. 당시 내무부 장관은 범죄가 몇 달간 정확히 2.3퍼센트 감소했다는 경찰의 통계만 보고 범죄에 대해 언급했네."

"사소한 경범죄와 살인을 합쳐서 범죄를 일괄적으로 언급한다고요? 경찰의 실적과 실제 범죄율이 같다고 믿었단 말입니까? 말도 안 돼요![13]"

쉬레가 소리쳤다.

"물론 그건 아닐세. 매번 수치를 되풀이해서 상기시키는 사람들이 있었지.[14] 하지만 아무도 행동으로 옮기지 않았다네. 당시 내무부 장관은 외국인 범죄를 퇴치해야 한다고 선언했어. 때마침 경찰의 통계에서 외국인 범죄율이 상승했지.[15] 한 세기 전 정부가 치안 불안정에 대해 매일 언급하기 시작한 시기에 신문 1면을 여러 번 장식한 흉악범 자크 메스린 Jacques Mesrine에 관한 푸코의 기사를 보고 안 게 있네. '사람들이 범죄 관련 소식을 너무 많이 접한 나머지 범죄에 무뎌지면 정의의 개념에도 무뎌진다'는 것이지.[16] 내가 '암스테르담 보고서'에 작성한 바와 같이 재소자 감축 정책보다 시급한 임무는 이런 문제를 언급하는 방식을 바꾸도록 시도하는 것이었네. 이런 식으로 마약 사범 처벌을 면제하거나[17] 미성년자의 죄가 가벼울 경우 범죄의 늪에서 빠져나갈 기회가 더 많아진 문제에 대해 논의할 수 있게 되었지.[18] 초기에는 아무도 믿지 않았지만, 이를 뒷받침하는 사례가 많았어. 미국 일부 주는 1960년대에 소년원을 폐지했다네.[19]"

소장은 잠시 생각에 잠겼다가 말을 이었다.

"콜뱅 국장이 나를 도서관으로 보낸 이유가 바로 이거야. 그는 실현 가능한 해결책을 조사하고 싶어 했고, 나는 그가 원하는 답을 찾아냈지. 1973년 네덜란드의 수감률은 인구 10만 명당 18명이었네.[20] 이는 2000년대 프랑스의 5분의 1 수준이고, 2010년 미국의 40분의 1 수준이야. 이게 내 보고서의 가이드라인이 되었지. 가이드라인은 과거에 실현된 적이 있고, 다시 적용 가능해야 했어. 내가 어떻게 했는지 아나? 나는 오랫동안 일관성 있는 입장을 견지하는 것이 중요하다고 설명하면서 로드 맵을 정했네. 그나마 장관이 해낸 생각이 사소한 사건 사고를 이용해 처벌 중심의 법을 통과시키는 것이었는데, 나는 이를 그만둬야 한다고 설명했지. 그 처벌 중심의 법이 대개 적용되기 힘들뿐더러, 결과도 좋지 않을 때가 많았거든.[21]"

"그러니까 소장님의 보고서가 곧바로 적용된 게 아니군요?"

"처음에는 책상 서랍 속에 처박혀 있었지. 2080년대 초, 새로운 여당이 집권하고 새 법무부 국장이 나를 불렀네. 그는 내 보고서에 매우 공감했어. 하지만 거센 비난을 받지 않을까, 정부의 지지도에 누가 되지 않을까 걱정이 많았지. 사실 내 보고서에도 이전의 실패 사례를 설명하면서, 교도소 수감 제한을 주장하는 정책 책임자들이 늘 격렬한 논쟁에 시달렸다는 사실이 나타나 있다네. 국장은 내게 1980년대 미국 주지사에 대해 이야기하더군. 이 주지사는 대권 후보였는데, 그가 석방한 범죄자의 재범 때문에 선거를 망쳤지.[22] 국장은 장관이 야망이 있음을 알기…… 나는 내가 제안한 정책이 재범을 예방하는 데 효과가 있음을 두 시간에 걸쳐 설명했다네. 그리고 '사실 국장님만의 문제는 아닙니다'라고 말하며 끝마쳤지."

"그게 무슨 뜻이죠?"

"형법과 사회문제의 관계는 학계의 오랜 논쟁거리임을 알게 되었네.[23] 그러나 이 문제를 다른 방식으로 다루기 위해서는 형법 문제를 주요 사회문제로 취급하는 것을 그만두어야 했지. 바로 이해하지는 못했지만 한 사회학자의 글에서 2차 세계대전 이후 성장기에 사회 발전이라는 명분 아래 범죄는 주요 사회문제가 아니라 부차적인 문제로 간주되었다는 것을 깨달았네.[24]"

"당연하죠!"

쉬레가 외쳤다.

"지금은 당연해 보이겠지. 하지만 '암스테르담 보고서'를 작성하던 시절이나 그 후 오랫동안 사회문제가 적지 않았네. 정부는 범죄가 갈수록 심각하고 흉악해지며, 범법자의 연령은 어려진다고 결론을 내렸어. 이는 확인되지 않은 사실인데도[25] 정책 책임자들은 이런 입장을 고수했지. 그때는 다른 견해에 귀 기울이도록 하는 것이 어려웠어. 실제로 살인자 수가 증가하지 않았는데 말이야.[26] 국장은 내게 말했네. '우리가할 수 있는 일을 해보세.' 범죄 예방 단체를 지원하거나, 교도소 안 노동자를 지원하는 방법을 마련하거나, 무보수 노역에조금이나마 보수를 지불하는 정책이었어. 이런 정책은 아무 일도 안 하는 것보다 낫지만, 미미해서 장기형을 줄이는 데아무런 영향을 미치지 못했네. 형법 정책은 몇 년 동안 그렇게 정체되었지."

"2083년 6월에는 무슨 일이 있었습니까?"

"그때 전부 바뀌었어. 작은 단체들의 소규모 시위에서 모든 것이 촉발되었네. 아무도 그 시위가 그렇게 확대되리라고 상상하지 못했지. 이때부터 이 문제에 대해 진지하게 토론하기 시작했다네. 맨 처음 내린 중대한 결단은 범법 행위가 야기하는 문제를 다루는 합의위원회에 모든 문제를 이관하는 것이었어. 우리는 이런 식으로 진전을 보았네. 형법에서 마약이나 이민자 관련 조항을 점진적으로 삭제하는 동시에 감옥을 드나드는 모든 빈민, 미성년자, 젊은이의 사회 동화에 도움이 될 수 있는 수치화된 목표를 정하기로 했지.[27] 시간이 걸리는 일이고 실패도 있었지만, 이전의 경험에서 인내심이 필요하다는 교훈을 얻었네."

"단계적으로 잘 진행되었나요?"

쿠트가 혼자 멍하니 있지 않고 이 대화에 끼어들기 위해 물었다.

"아닐세, 두 가지 주요 사항에서 대립과 불화가 있었지. 첫 번째 문제는 비교적 빨리 해결되었네. 새 책임자들은 금전적인 비리 문제를 해소하고 싶어 했어. 모든 연구 보고서가 보여주듯이 사회 주요 인사가 유죄판결을 받는 경우는 거의 없었고, 그들이 감옥의 쇠창살 뒤에서 오랫동안 머무르는 일도 드물었지.[28] 때로는 유죄판결을 받은 국회의원이 재선되었고, 연구자들은 이 점을 꺼렸네.[29] 신진 의원들은 분위기를 바꿔 새로운 법안을 제정하고 싶어 했어. 각종 비리로 국가가 손해 본 금액과 그 금액으로 달라질 수도 있었을 인생 혹은 구할 수도 있었을 생명과 형량을 비교하는 법안 말일세. 이런 방법으로 환산해보니 살인죄에 버금가는 형량이 나왔어. 화이트칼라 범죄자 10여 명을 몇 달 동안 유치장에 가두는 방법을 모두 좋아했지. 그러나 과세와 통제 정책 전반에 관한 문제, 경제사범이 좀도둑과 같은 형법을 적용받는다는 게 핵심이라는 점이 빠르게 드러났어. 그 형법은 계속 수정되는데도 말일세! 바로 이 시점에서 우리는 새로운 발전 유형을 추구한 셈이네. 사람들은 불량배를 처벌하는 것보다 이 문제에 관심을 기울이기 시작했지."

"그 뒤로 잘 해결되었나요?"

쿠트가 말했다.

"아니, 폭력 그중에도 성폭력이 가장 복잡하고 어려운 문제였다네."

"왜 그렇죠?"

"매우 어려운 상황이었어. 1970년대 이후 성범죄 신고율을 높이고, 성범죄자에게 가장 높은 형량을 선고하고자 하는 대대적인 움직임이 있었네.[30] 입법상의 적지 않은 변화를 거쳐 성범죄 재발을 방지하기 위해 엄격한 제도적 장치가 고안되었지. 의무 수감 기간, 출소 후 전자 발찌 부착,[31] 출소 후 위험인물을 무기한으로 가둘 수 있는 보안처분 제도,[32] 신상 공개[33]와 같은 방안이네. 신상 공개는 출소한 성범죄자의 사진과 주소, 전과 기록을 온라인에 올리는 제도인데, 미국을 따라 2020년부터 실시했네.[34]"

"정말 끔찍하군요!"

점심시간도 잊어버린 쿠트가 외쳤다.

"이런 정책은 효과가 있었나요?"

"21세기 초부터 실시한 조사에 따르면[35] 역설적이게도 성범죄 피해자라고 밝힌 사람 수에 비해 직접 성범죄를 고발한 사람 수가 매우 적었다네. 이에 대해 조사 연구자들은 '탄압을 이용한 방식은 대개 사람들의 관심을 사회·정치적 문제에서 다른 곳으로 돌리도록 고안해낸 것이다. 탄압이라는 두려움과 불안을 이용해서 만든 손쉬운 해결 방안이자, 더 나아가 대중을 선동하는 해결 방안이라고 할 수 있다. 무엇보다 가장 중요한 점은 형법적 탄압에 그칠 게 아니라 범죄 예방과 피해자 지원 같은 방법을 사회적으로 어떻게 다루는가에 달렸다'[36]고 설명했네. 관건은 피해자를 무력화하는 침묵의 벽을 깨뜨리는 것이었네.[37]"

"피해자들이 자신이 무슨 일을 당했는지 말하지 않는다는 겁니까?"

"그렇다네. 피해자들은 대부분 경찰에 말하지 않고, 가해자들은 법률상 처벌도 받지 않았네. 2080년대 말, 수많은 사회단체의 탄생과 함께 마음 편히 말할 수 있게 되면서 비로소 상황이 완전히 바뀌었네. 범죄 신고율은 급속도로 상승했고, 이로 인해 심각한 재소자 인플레이션이 촉발되었지. 형법 정의 분과 위원회와 폭력 분과 위원회는 여러 번 회의를 소집했고, 만날 때마다 상대를 탓하기 바빴어. 처음에 나는 굉장한 무기를 가졌다고 생각했지. '암스테르담 보고서' 이후에도 계속 도서관에 다녔고, 교도소가 왜 효과적인 해결책이 아닌지 설명해주는 여성운동 관련 문건을 모두 가져왔네.[38] 그런데 이게 참 복잡한 문제야. 예를 들어 가정 폭력 가해자를 감옥에 보내거나 최소한 전자 발찌로 거동을 감시하지 않고 어떻게 피해자를 보호할 수 있겠나.[39] 결론 없이 같은 얘기가 반복되었고, 어느 순간 회의를 그만두었네."

"그럼 어떻게 합의했나요?"

"설명하기 어렵지만, 감옥에 보내는 것이 능사는 아니야. 수감 이외 모든 방법을 실행한 덕에 폭력이 줄었고, 이를 증명하는 연구를 보여준 뒤 모든 것이 바뀌었다고 생각하네. 범죄 예방과 중재, 일자리와 주거지 등에 관한 정책에 힘을 쏟았고, 형사적 장치는 무용지물이 되었지. 그때 무기형, 의무 수감 기간, 전자 발찌, 보안처분 제도, 신상 공개와 같은 법안 폐지를 표결에 부쳤네. 당시 나는 법무부 장관의 참사관이었고, 그의 연설문도 작성했지. 보안처분 제도가 폐지되는 순간, 내가 역사적인 일에 일조했구나 싶었다네. 나는 바댕테르Robert Badinter의 사형 제도 폐지에 관한 연설문을 여러 번 경청했지. 실은 한밤중에 몇몇 의원이 주도해서 몰래 표결한 거야. 그 후 재소자율이 1973년 네덜란드의 수치에 근접했을 때는 소소한 기쁨을 느꼈어. 나는 장관을 설득해서 연설하도록 만들었네. 국립사법학교 입학식에서 장관은 이렇게 연설을 시작했어. '인간의 삶에 대한 권리가 사형 제도를 폐지했듯이, 인간의 자유에 대한 권리는 언젠가 자유형을 폐지할 것입니다. 아직 목적지에 도달하지 못했지만, 길은 완성되었습니다……' 장관은 내 연설문을 매우 만족스러워했지만, 그 연설문이 도서관에서 얻은 문구를 조합한 것이라고 말하지 못했네.⁴⁰ 그런데 내가 왜 자네들한테 이런 이야기를 하지? 이만 물러가게. 그리고 장난은 이제 끝일세. 알겠나?"

계단을 내려오며 쉬레는 골똘히 생각에 빠졌다.

"교정 행정엔 미래가 안 보여. 연구 분야에서 일해야겠어. 고문서를 뒤지고 증인을 찾을 거야. 암스테르담 계획에 대한 자료도 있을 거고, 당시 경험한 사람들도 있을 거야. 교도소장이 들려준 이야기가 사실이라면 말이지. 진지하게 알아보고 싶어."

"그런다고 누가 돈이라도 준대?"

"그야 모르지."

1 이 글은 2011년 11월 1일 라비데지데 사이트에 처음 게재되었다. http://www.laviedesidees.fr/La-grande-evasion.html

2 1978년 11월 22일의 n° 78~1097은 자유형에 관한 형법적 절차의 여러 조항을 수정하는 법안이다.

3 Marie-Danièle Barré, Pierre V. Tournier, 〈Érosion des peines perpétuelles. Analyse des cohortes des condamnés à mort graciés et des condamnés à une peine perpétuelle libérés entre le 1er janvier 1961 et le 31 décembre 1980〉, Paris, Direction de l'administration pénitentiaire, *Travaux et documents,* 1982, n° 16.

4 Annie Kensey, 〈Durée effective des peines perpétuelles〉, Paris, Direction de l'administration pénitentiaire, *Cahiers de démorgraphie pénitentiaire,* novembre 2005, n° 18.

5 Bruno Aubusson de Cavarlay, 〈L'emprionnement ferme, au coeur des sanctions prononcées. À partir des données statistques〉, *Information Sociales,* 2005, vol. 7, n° 127.

6 Bruno Aubusson de Cavarlay, 〈La nouvelle inflation carcérale〉, in Laurent Mucchielli (dir.), *La frénésie sécuritaire. Retour à l'ordre et nouveau contrôle social,* Paris, La Découverte, 2008, pp. 52~63.

7 Pierre V. Tournier, 〈La tentative du procureur de Dunkerque pour limiter la surpopulation carcérale. Une décision de bon sens?〉, *Arpenter le champ pénal,* supplément d'été n° 3, n° 235~236.

8 Nils Christie, *L'industrie de la punition. Prison et politique pénale en Occident,* Paris, Autrement, 2003.

9 Tapio Lappi-Seppälä, 〈Baisse de la popuation pénale : expériences finlandaises à long terme〉, in *Politique pénale en Europe. Bonne pratiques et exemples prometteurs,* Strasbourg, Éditions du Conseil de l'Europe, 2005, pp. 147~170.

10 Commission nationale consultative des droits de l'homme(CNCDH), *Sanctionner dans le respect des droits de l'homme,* tome Ⅱ, *Les alternatives à la détention,* Paris, La Documentation française, 2007.

11 Conseil de l'Europe, *Recommandation R(99)22 concernant le surpeuplement des prisons et l'inflation carcérale,* 1999.

12 Contrôleur général des lieux de privation de liberté, *Rapport de visite de la maison d'arrêt de Lyon-Corbas,* septembre-octobre 2009. [http://www.cglpl.fr/wp content/uploads/2011/01/MA-Lyon-Corbas-version-web.pdf]

Jean-Marie Delarue, 〈Je suis pessimiste sur le sort de Corbas〉, *20 minutes,* 2009. 12. 11.

13 Philippe Robert, 〈Les statistiques criminelles et la recherche〉, *Déviance et société,* 1977, vol. 1, n° 1, pp. 3~28.

14 Laurent Muccielli, 〈Erreurs et contre-vérités : Claude Guéant est déjà en campagne électorale〉, blog 〈Vous avez dit sécurité?〉, 2011. 6. 20.

15 Laurent Muccielli, 〈Délinquance roumaine : une statistique pour fêter l'anniversaire du discours de Grenoble?〉, blog 〈Vous avez dit sécurité?〉, 2011. 7. 23.

16 Michel Foucault, 〈Le poster de l'ennemi public n°1〉, *Le Matin,* 1977. 3. 7. *Dits et écrits,* Paris, Gallimard, 1994, tome Ⅲ, p. 256.

17 Anne Coppel, 〈Drogues : consensus sur la dépénalisation〉, *Libération,* 2010. 12. 10.

18 Fergus McNeill et Beth Weaver, *Changing Lives? Desistance Research and Offender Management,* Universities of Glasgrow and Strathclyde, 2010 참고.

19 〈Le Massachusettes n'a plus de prison pour jeunes en fonctionnement depuis 1972〉, 1975년 Dennis Briggs 작성, in *Fermer les prisons,* Paris, Seuil, 1977, p. 77.

20 Jean-Paul Brodeur, 〈De grandes espérances〉, *Criminologie,* 2007, 가을, vol. 40, n° 2, pp. 161~166.

21 Pierre Bourdieu, 〈Du fait divers à l'affaire d'État〉, *Interventions.* 1961-2001, Marsille, Agone, 2002, 처음에는 Pierre Bourdieu, 〈L'emprise du journalisme〉에 삽입됨. *Actes de la recherche en sciences sociales,* 1994, vol. 101~102, pp. 102~109.

22 Olivier Lamalice et Pierre Lalande, *La sévérité pénale à l'heure du populisme,* ministère de la Sécurité publique du Québec, 2006 ; David C. Anderson, *Crime and the Politics of Hysteria. How the Willie Horton Story Changed American Justice,* New York, Random House, 1995.

23 Georg Rusche, Otto Kirschheimer, *Peine et structure sociale,* in René Lévy, Hartwig Zander, *Peine et structure sociale. Histoire et théorie critique du droit pénal* (1939), G. Rusche(1930, 1933), G. Rusche, O. Kirchheimer 글의 번역과 소개, Paris, Cerf, 1994; Charlotte Vanneste, *Les chiffres des prisons. Des logiques économiques à leur traduction pénale,* Paris, L'Hamattan, 2001; Loïc Wacquant, *Punishing the Poor. The Neoliberal Government of Social Insecurity,* Duke University Press, 2009.

24 Philippe Robert, ⟨Le sentiment d'insécurité⟩, in Laurent Mucchielli, Phillippe Robert (dir.) *Crime et sécurité, l'état des savoirs,* Paris, La Découverte, 2002.

25 Laurent Mucchielli, ⟨Une société plus violente? Une analyse socio-historique des violences interpersonnelles en France, des années 1970 à nos jours⟩, *Déviance et société,* 2008, vol. 2, n° 32, pp. 115~146.

26 Laurent Mucchielli, ⟨L'évolution des homicides depuis les années, 1970 : analyse statistique et tendance générale⟩, *Questions pénales,* 2008. 9, n° 4, pp. 1~4.

27 Giles Chantraine, *Par-delà les murs,* Paris, Puf, 2004; Patrick Bruneteaux et Corinne Lanzarini, *Les nouvelles figures du sous-prolétariat,* Paris, L'Harmattan, 1999, p. 130.

28 Pierre Lascoumes, *Les affaires ou l'art de l'ombre,* Paris, Le Centurion, 1986; Pierre Lascoumes, *Élites irrégulières, essai sur la délinquance d'affaires,* Paris, Gallimard, 1997.

29 Pierre Lascoumes (dir.) *Favoritisme et corruption à la française. Petits arrangements avec la probité,* Paris, Presses de Sciences Po, 2010.

30 Carine Burricand, Marie-Laure Monteil, ⟨Les condamnations pour infraction aux moeurs de 1984 à 1993⟩, *Infostat justice,* 1996. 3, n° 44.

31 2005년 12월 12일의 n° 2005-1549는 범법자의 재범 처리에 관한 법안이다.

32 2008년 2월 25일의 n° 2008-174는 정신 질환에 따른 형법상 책임 무능력 판결과 보안처분 제도에 관한 법안이다.

33 2004년 3월 9일 페르방Ⅱ 법안에 의해 만들어진 성범죄자의 자동 전과 기록 공개와 같다.

34 성범죄자공개국립사이트(http://www.nsopw.gov/Core/Portal.aspx) 나 플로리다 주에서 발표하는 플로리다성범죄자(http://offender.fdle.state. fl.us/offender/homepage.do;jsessionid=6DLSKkDj5s-MrECIPMX1JnA__).

35 Maryse Jaspard, *Les violences contre les femmes,* Paris, La Découverte, 2005; Nathalie Bajos, Michel Bozon et CSF 팀, ⟨Les violences sexuelles en France, quand la parole se libère⟩, *Population et société,* n° 445, 2008. 5, pp. 1~4.

36 Maryse Jaspard, *op. cit.,* p. 105.

37 *Id,.*

38 Jean Bérard, ⟨Les métamorphoses de la question pénale, les mouvements sociaux et la justice, 1968-1983⟩, 2010년 l'université Paris-8 Saint-Denis에서

주장하고, 2012년 Presses de Sciences Po에서 출간.

39 2010년 7월 9일 n° 2010-769는 여성에게 가해지는 폭행과 가정 폭력, 이런 폭력이 아이에게 미치는 영향에 관한 법안이다.

40 Françoise Tulkens, 〈L'individualisation de la peine, cent ans après Saleilles〉, in Reynald Ottenthof (dir.) *L'individualisation de la peine, de Saleilles à aujourd'hui,* Paris, Erès, 2001, p. 281.

2112년 : 초고속 파리[1]

미셸 파랑 Michel Parent

이하임 옮김

GREAT

The vertigo of reading

오늘 아침 존은 기분이 들떠 있었다. 자신이 기획한 초고속 신도로 베제베VGV 동서 구간 개통식에 참석하기 위해 파리 도심에 가기 때문이다. 이제 초고속 자율 주행 셔틀 열차가 그랑파리Grand Paris*의 여러 거점을 연결하며 복잡하고 위험한 '자동차'는 과거의 유물로 박물관에 전시될 것이다.

　　오늘 아침 조너선(존) 마틴화이트는 업무 때문에 평상시와 다른 경로를 택할 예정이다. 평소에는 15분 거리의 재택근무 센터에 운동 삼아 걸어가지만, 오늘은 초고속 신도로 베제베 동서 구간 개통식에 참석하기 위해 파리 중심부에 갈 것이다. 베제베는 수차례 논란거리가 되었으나, 파리의 규모를 고려할 때 그 필요성이 인정됐다. 베제베13과 베제베4가 연결되면 외곽 순환도로를 통해 도시를 우회하거나 지하로 통과할 필요 없이 도시 위를 바로 지나갈 수 있다.

---

* 2009년 니콜라 사르코지Nicolas Sarkozy 프랑스 대통령은 150여 년 만에 파리를 대대적으로 바꿀 그랑파리 계획을 공개했다. 파리를 대도시로 탈바꿈하는 이 프로젝트는 교통망 확충과 도시 설계에 중점을 둔다.

시속 200킬로미터로 달릴 수 있는 베제베는 A4, A13처럼 오래된 '고속도로' 노선뿐만 아니라 과거에 사람이 직접 운전하는 자동차가 달리던 도로를 사용한다. 하지만 도심에서는 공간적 제약과 수많은 진출입로 때문에 베제베를 시속 100킬로미터로 제한한다.

파리는 얼마 전 인구가 2000만 명이 넘으면서 세계 대도시권에 48위로 다시 진입했다. 파리는 명성 그대로 세계 관광도시 1위 자리를 지키고 있다. 초대공황Very Great Depression 이후 여러 해 동안 인구가 감소했는데도 파리가 세계 대도시권에 다시 진입한 원동력은 무엇일까? 이는 무엇보다 도시를 재개발하고 근무 방식을 새롭게 구성하며 공공서비스의 질 향상, 특히 교통수단을 최신식으로 바꿨기 때문이다. 그래서 존은 베제베 개통식에 참석하는 것을 더욱 자랑스럽게 생각한다. 사람들은 베제베 덕분에 이전보다 훨씬 효과적인 방식으로, 즉 더 빠르고 쾌적하고 적은 에너지 비용으로 파리 도심에 다다를 수 있다. 베제베는 파리 도시권에 들어오는 화물의 운송과 프랑스 동서부 지역에서 오는 관광객의 도심 접근을 용이하게 한다.

거점 중심 도시, 생활권 통합

초대공황 이후 도시 재개발의 목적은 그랑파리를 긴밀하게 연결한 20개 거점으로 구성된 메가시티로 만들되, 각 거점이 고유의 정체성과 자율성, 내부 교통수단을 갖추게 하는 것이었다. 그랑파리에서는 주거 환경, 시간, 근무지의 합리적인 구성과 다음 두 가지 주요소를 바탕으로 근무 방식을 결정한다. 하나는 20개 거점 주변 주거 환경의 밀집화이며, 다른 하나는 재택근무 혹은 시와 민간 기관이 관리하는 협력 지역 센터 내 근무의 일반화다. 원래 옛 파리는 북역(가르뒤노르Gare du Nord), 리옹역(가르드리옹Gare de Lyon), 몽파르나스역(가르몽파르나스Gare Montparnasse) 주변 파리-가르뒤노르, 파리-가르드리옹, 파리-가르몽파르나스 거점으로 나뉘었다. 세 역에서는 여전히 초고속 열차 테제베TGV 장거리 노선을 운행한다. 얼마 전 파리 중심에 만들어진 네 번째 거점 파리-콩코르드Concorde에는 프랑스 정부와 파리 시의 정치적 결정과 관련된 모든 주요 기관이 있다.

각 거점은 고유의 다목적 센터에 따라 특성이 나타난다. 다목적 센터는 5만 명이 넘는 주민과 근로자들이 공동 거주할 수 있고, 보통 높이가 200미터 이상인 거점 타워 안에 위치한다. 파리-콩코르드의 거점 타워는 콩코르드광장 네 귀퉁이에 건립된 기둥 위에, 유리와 강철로 세워진 높이 350미터 타워다(과거 콩코르드광장에 있던 오벨리스크는 이집트에 반환됐다). 초대공황 때 실시된 도시 정책, 특히 도시 공간의 비효율적 이용에 대한 세금 덕분에 도심 집중도를 높이고 거점 주위를 에워싸는 녹지가 조성됐다.

파리 내에서 거점 네 곳은 예전의 대로를 사용한 대규모 녹지 축에 따라 나뉜다. 도시 외곽의 전차 노선은 관광객을 위해 보존되었지만, 파리 구시가에서 거점 사이를 이동하려면 베제베나 최대 시속 30킬로미터인 저속 교통수단을 이용해야 한다. 그리고 가능하면 지면에 접해 이동하는 자전거나 걷기 등 무공해 이동 수단을 이용한다.

존은 파리-베르사유 Versailles 거점을 거주지로 택했다. 그는 초대공황 때 등장한 매미 공동체* 주택에 살며, 존의 아이들은 오후에 종종 자신을 돌봐주는 이웃 할아버지 할머니를 잘 따른다. 존의 집은 재택근무 센터에서 도보 15분 거리지만, 그가 자전거를 타고 가족과 산책을 즐기는 베르사유궁전의 정원과 매우 가까운 곳에 있다.

존은 파리-베르사유의 중심부이자 집, 직장, 피트니스센

---

* 프랑스어로 매미를 뜻하는 시갈Cigales은 '주거 지원과 생태 사회를 위한 세대 간 공동체Communautés intergénérationnelles pour l'aide au logement et l'écologie sociale'의 약자다.

터, 수영장, 학교, 극장, 가게, 교통수단, 음식점 등 모든 것이 가까이에서 해결 가능하며, 궁전 맞은편 파리 대로에 있는 거점 타워에 거주할 수도 있었다. 하지만 그는 자연과 가까이 사는 편을 택했다. 파리-베르사유 내에서 이동할 때 존은 호출하면 그를 찾으러 오는 '소형 자동 전기 이륜차' 비베 BiVe를 이용한다. 단 헬스 크레디트가 마이너스 이하로 떨어지지 않았을 때만 비베를 이용하는데, 그렇지 않으면 요금이 비싸지기 때문이다.

존은 텔레프레즌스* 스크린으로 집에서 일할 수도 있지만, 근무시간에 자신이 잘 알지 못하는 분야 재택근무자와 접하는 것을 더 좋아한다. 그는 희극배우, 제과·제빵 종사자, (증강현실 덕분에 섹스 로봇을 보완하게 된) 성 산업 종사자, 만화가와 친하게 지낸다. 특히 그는 같은 센터에 작업실이 있는 예술가들과 교류하며 자신의 베제베 프로젝트와 앞으로 이용하게 될 교통수단에 대해 말하는 것을 좋아한다.

존은 육로 교통 분야의 유명 전문가 중 한 명이며, 그의 기획안은 전체적인 재개발이 진행 중인 그랑파리의 교통수단에 조금씩 적용되고 있다. 그는 초대공황 이후 많은 근로자

---

* 참가자들이 실제로 같은 방에 있는 것처럼 느낄 수 있는 가상 화상회의 시스템.

들처럼 프리랜서로 활동했지만, 10여 년 전부터 한 가지 프로젝트에 전념한다. 새로운 시스템의 기초가 된 '파리교통공사의 이동성 개선(SPM)' 프로젝트다.

교통 서비스 정보 시스템

20세기 후반에 주민당 1일 주행거리, 특히 개인 자동차를 이용한 주행거리는 지속적인 증가세를 보였다. 그러나 자동차는 환경에 미치는 영향이 크고, 95퍼센트가 넘는 시간을 주차된 채 보냈다. 게다가 자동차는 화석연료에서 나온 액체연료인 휘발유나 경유로 움직이는 '내연기관' 엔진을 사용하기 때문에 엄청난 이산화탄소를 내뿜었다. 따라서 새로운 공용 이동 수단을 고안하고, 통합 접근 시스템을 기반으로 교통수단이 혁신되었다. 통합 접근 시스템은 파리교통공사에서 운영하며, 개인 정보·통신·신원 확인 장치(Personal information, communication and identification devices, PICID)상의 정보와 결제 시스템으로 접속이 가능하다. 그랑파리 주민은 PICID를 통해 자신에게 필요한 이용 관련 정보와 잔액 관리를 업데이트할 수 있고, 파리에 대한 정보를 이용한다.

새로운 시스템은 에너지 효율성과 시민 건강 증진이라는 개념을 기반으로 한다. 마이너스 이하로 떨어지면 안 되는 헬스 크레디트 제도를 비롯한 여러 가지 장려책과 도시 개발 덕분에 자전거, 걷기 등 '무공해' 이동 수단이 우선시 된다. 장거리 교통은 광대역 고속 신노선이 과거의 도심 철도와 교통 체증 때문에 '고속'이라는 명칭이 유명무실해진 고속화 도로를 대체한다. 소규모 단체와 개인 관광객은 무공해 이동 수단과 광대역 고속 신노선 사이에서 다양한 소형 전기 차량을 이용할 수 있다.

소형 전기 차량 가운데 1~2인용 교통수단으로 최상의 공간과 에너지 효율성을 자랑하는 비베는 PICID를 기반으로 폭넓은 가격대를 제시한다. 한편 비베는 거점 내에서 이동할 때 여러 이점이 있는 교통수단이 되었다. 첫 전기 자동차 시제품은 2002년 프랑스국립정보자동화연구소INRIA에서 제작되었으며, 이후 2010년 상하이세계박람회에서 제너럴모터스가 최초의 산업용 완제품인 EN−VElectric Networked Vehicle 콘셉트카를 선보였다. 하지만 상용화되려면 도심 운행을 위한 정책이 수립될 때까지 기다려야 했다.

PICID 사용자는 이동할 때마다 목적지, 목적지에 가야 할 이유, 이용할 수 있는 여러 교통수단에 대해 소요 시간, 편안함, 비용, 건강과 환경에 미치는 영향 등의 정보를 받는다. 한편 자가용은 시에서 값비싼 도로 이용료를 부과함에 따라 대부분 사라졌다. 주차장이 필요 없어지면서 모든 도심 도로는 하역과 유지·보수, 긴급 차량을 위한 1차선 도로와 몇몇 임시 주차 공간만 남겨두고 시립 공원, 음식점의 테라스 등 다양한 용도로 전환됐다.

사라진 것들 : 자동차와 교외 열차

존의 이야기로 돌아오면, 오늘 아침 존은 초고속 신도로 베제베 개통식에 참석하기 위해 파리 중심부에 갈 예정이다. 그가 업무 때문에 파리에 가는 경우는 드물지만, 일주일에 한 번 정도는 친구를 만나거나 공연을 보러 파리에 간다. 그는 파리—베르사유 종합 환승 센터로 가는 비베를 불렀다. 종합 환승 센터에서 파리—콩코르드행 셔틀 열차를 탈 수 있다. 존의 PICID에 다음 셔틀 열차가 8시 35분에 있다고 나왔다. 비베는 셔틀 열차가 출발하기 전에 존을 정류장 앞에 내려줬다. 존이 탄 셔틀 열차는 좌석이 20개 있는 '단체용 공공 차량'이며, 중간 정차 없이 8시 50분에 목적지에 도착할 예정이다. 종합 환승 센터 가까이 사는 이점은 다른 센터로 가는 노선이 바로 연결된다는 점이다. 저녁에는 에너지 소비와 대기 시간을 최소화하기 위해 좌석이 4개 있는 '개인용 공공 차량'을 운행한다.

존은 (베르사유에서 파리로 가는 광역 급행 전철[RER]과

국영 철도(SNCF) 노선 3개가 다닌) 예전 철로, 과거의 '고속화' 도로를 거쳐서 파리-콩코르드에 도착했다. 퐁피두 도로와 같은 과거의 '고속화' 도로는 러시아워에 모든 교통수단이 시속 100킬로미터가 넘어서 오늘날 '고속'이라는 이름값을 톡톡히 한다. 시간당 1만 명이 '고속화' 도로를 이용할 수 있는데, 이 수치는 21세기 초 매우 불편한 교외 열차가 평균 시속 30킬로미터로 6만 명을 수용하던 것과 큰 차이가 난다. 이는 새로운 근무 방식과 다양한 가격대에 따른 수요 조절로 오늘날 교통 수요가 훨씬 감소했기 때문이다.

파리-콩코르드에 도착한 존은 콩코르드 타워의 광장에 있는 에스컬레이터를 탔다. 많은 사람들이 와 있었고, 존은 재택근무를 통해서 아는 몇몇을 포함한 여러 동료들과 인사를 나눴다. 눈앞에 장관이 펼쳐지고 존은 프로젝트의 모든 세부 사항을 속속들이 아는데도, 네 개 기둥 위에 균형을 잡고 선 유리와 강철로 된 타워의 아름다움에 또다시 매료됐다. 하지만 '파리 구시가'에 대한 향수가 있는 사람들과 이를 보존하려는 사람들은 이 아름다움을 비난했다.

투명 구조물 두 개로 된 신도로 또한 화려함을 뽐냈다. 신도로는 샹젤리제(Champs-Élysées) 위에 두 개 리본 모양으로 반짝거리며 개선문 양옆을 지나 파리-데팡스(Défense) 거점 쪽 지평선에서 사라졌다. 크롬 도장을 한 기둥 위의 두 개 도로 아래

놓인 샹젤리제는 작은 공동 정원과 테라스, 거리 공연과 산책을 하는 사람들의 모습 때문에 시골을 연상시켰다. 20세기 말 샹젤리제 거리 전체는 포장도로고, 가로수 몇 그루가 있을 뿐이었다. 샹젤리제 면적 3분의 2는 차량 운행과 주차 용도로 사용됐다.

존의 머리 위로 시속 100킬로미터가 넘는 셔틀 열차 한 대가 쏜살같이 도착했고, 열차의 마지막 세 칸은 측면 도로 쪽으로 이동하는 원형 타워를 따라 이어진 내리막길로 회전하며 광장에 멈춰 섰다. 몇 분 뒤 존은 자신이 기획한 이 셔틀 열차를 타고 파리-가르드리옹, 파리-마른라발레Marne-la-Vallée에 멈추지 않고 개통식이 열리는 파리-디즈니Disney 거점에 도착할 예정이다. 승객이 하차하는 차량만 멈춰서 중간 정차 역을 없애는 것이 이 셔틀 열차의 새로운 원리다. 이런 방식은 20세기 말 마트라Matra에서 아라미스Aramis 프로젝트*를 통해 시험한 적이 있지만, 한 차량에서 다른 차량으로 이동이 불가능해서 승객이 내릴 때마다 열차 전체가 멈춰야 했다.

---

* '독립적인 차량이 각각 정차하는 자동화 열차Agencement en rames automatisées de modules indépendants en stations'의 약자인 아라미스는 1970년대 프랑스 파리에서 교통 관련 기업 마트라가 진행한 대중교통 프로젝트다. 목적지까지 무정차 주행하는 무인 자동 궤도 운행 차량(personal rapid transit, PRT)을 시험했으나 여러 제약으로 중단됐다.

따라서 이런 방식은 승객이 열차 내에서 차량을 갈아탈 수 있어야 했다. 존이 개발한 시스템은 한 차량에서 다른 차량으로 이동하기 쉽고, 중간 정차 역을 없앴기 때문에 평균 시속 약 200킬로미터로 멀리 떨어진 모든 거점을 연결해줬다. 개인·민간·공공 차량으로 게이트 간 연결이 가능하지만, 많은 사람을 태울 수 없어서 1일 교통 수요를 만족시키지 못했다. 해결책은 교외 열차 시대처럼 '대중'교통으로 돌아가되, 초고속 도로 인프라를 이용하고 단체용 공공 차량 열차를 만드는 것이었다. 존의 기발한 아이디어는 개인용 교통수단의 유연성과 대중교통의 이점을 결합하여 열차 내에서 자신의 최종 목적지까지 가는 단체용 공공 차량에 가기 위해 한 차량에서 다른 환승 차량으로 이동이 가능하게 했다.

자신이 기획한 셔틀 열차에 타면서 존은 과거 교통수단 시스템의 설계자, 특히 '자동차' 제조업체에 묘한 기분이 들었다. 그러나 자동차는 항상 각별한 주의가 필요하고, 기계 부품 수만 개로 구성되어 복잡하며, 사람이 운전하기 때문에 해마다 100만 명이 넘는 운전자가 사망에 이르는 위험성이 있어 여전히 두려웠다. 한편 존은 여러 세대를 꿈꾸게 한 멋진 자동차를 아이들에게 보여주기 위해 언젠가 교통박물관에 꼭 가야겠다고 마음먹었다.

어쩌면 그는 오늘날 남아 있는 도로에 가족을 데려가기

위해 수동으로 운전하는 자동차 중 한 대를 빌릴지도 모른다. 그는 엔지니어 연수를 받는 동안 핸들과 페달, 변속기로 수동 운전을 실습할 기회가 있었고, 운전면허증을 취득했다. 하지만 가족 앞에서 페달과 여러 손잡이를 복잡하게 조작해야 한다고 생각하니 약간 걱정이 됐다. 아이들이 원한다면 다음 휴가는 반수동 운전 자동차 도로를 보존한 지역 중 한 곳에서 보낼 생각이다. 그리고 21세기 말에 인기를 끈 '캠핑카' 한 대를 빌릴지도 모를 일이다.

1 이 글은 2011년 11월 9일 라비데지데 사이트에 처음 게재되었다. http://www.laviedesidees.fr/2112-Paris-a-grande-vitesse.html

7

21세기 농업과 식량 분야의 비상식적 행태[1]

마티외 칼라므 Matthieu Calame

김자연 옮김

본 연설문은 2112년 7월 9~13일 몽골에서 열린 제28회 울란바토르 Ulan Bator 강연회에서 유럽국토식량행정감독관이 발표한 내용이다. 감독관은 연설을 통해 바토르 시대 이전 문명사회에서 자행된 생물 다양성 파괴, 기술 숭배, 농림 분야 황폐화, 과다 어획, 식량 부족 등의 폐해를 비판한다.

여러분, 21세기 인류는 대대적인 위기와 변화를 겪었습니다. 신석기 혁명에 견줄 만한 변혁이었죠. 우리 선조들은 동시에 여러 가지 문제에 맞닥뜨렸습니다. 질소비료 생산에 필수적인 석유와 비료의 주원료인 인산염을 비롯한 화석 자원의 고갈, 기후변화, 농업 에너지 생산 수요, 다시 말해 당이나 식물성기름에서 추출한 에탄올이나 나무 같은 바이오매스를 주원료로 하는 이른바 바이오에너지 생산 요구 등의 문제에 직면했습니다. 더불어 식수, 경작지, 생물 다양성, 식량 등의 획득과 관련된 사회적 갈등, 나아가 지정학적 갈등까지 뒤이었습니다. 이런 문제들이 여러분도 익히 들어 아시는 2020년대 대위기의 핵심이었습니다. 다행히 울란바토르 조약을 통해 대위기는 종식되었고, 덕분에 현재 우리가 사는 바토르 시대가 열렸습니다.

오늘 저는 여러분에게 바토르 시대 이전의 자세한 상황과 당시 사람들이 어떤 길을 선택했는지 이야기하고자 합니다. 애정 어린 비판부터 조심스럽게 시작해보겠습니다. 인간은 시대와 장소를 막론하고 역사의 갈림길을 도외시하고 살아갑니다. 또 인간은 목적론적* 관점에 기대어 자신들이 살아가는 세계가 필연적으로 올 세상이었다고 믿습니다. 엄청난 착각이죠. 우리와 직접 연관이 있는 사례를 든다면 여러분도 금방 이해하실 겁니다. 1970~2020년에 나온 글을 다시 살펴보면, 당시에도 크게 논란이 일었다는 것을 알 수 있습니다. 하지만 모든 이들에게 요구된 변화의 필요성보다 변화의 성격 자체에 대한 논란이 주를 이뤘습니다. 조금 비약적으로 표현될 수 있겠으나, 시간 관계상 당시 상황을 두 가지 주요한 입장으로 나누어 설명하겠습니다.

첫 번째 입장은 가만히 들여다보면 완전히 터무니없는 일입니다만, 당시에 의사 결정권자와 여론이 아주 오랜 시간 동안 이런 입장에 호의적이었다는 사실을 말씀드리면 아마

---

* 인간의 의식적인 행동뿐만 아니라 세계 안에서 일어나는 모든 사건과 자연현상도 목적에 규정되었다는 가정과 이런 가정에 바탕을 둔 사고방식.

더 놀라실 겁니다. 하지만 바토르 시대 이전 산업 시대의 정치적·도덕적 양심이 얼마나 원시적이었는지 떠올려보시기 바랍니다. 이 입장은, 모든 문제는 문제를 발생시킨 논리 안에서 해결할 수 있다는 생각에서 출발합니다. 즉 기술혁신을 통해 문제를 해결할 수 있다는 것이 첫 번째 입장입니다. 여기에서 기술혁신이라 함은 생명공학, 지구공학,* 합성생물학,** 대규모 댐 건설, 유전자 복제, 초고층 건물에 자리한 수직 농장*** 등 주로 정부와 밀접한 관계가 있는 소수 민간 기업이 개발·관리하는 신기술을 이용하는 것을 뜻합니다. 물론 이 방법은 생활 방식이나 제도의 운영 방식을 근본적으로 개혁하지 않아도 된다는 장점이 있었습니다.

'기술 숭배'라고 평가할 수 있는 이 구시대의 방식을 되짚

---

* 최근 지구온난화를 막기 위해 인위적으로 기후 시스템 조절과 통제를 목적으로 하는 과학기술 분야다. 대표적인 예로 해양 비옥화, 인공 구름, 인공 나무, 우주 거울, 이산화탄소 제거 등이 있다.

** 새로운 생물학적 부분(part), 장치(device), 시스템(system)을 디자인하고 구축하기 위해 혹은 자연 상태의 생물학적 시스템을 새로운 생물학적 시스템이나 인공 생명체를 만드는 등 특정 목적으로 재설계(redesign)하기 위해 사용하는 기술.

*** 식량난과 농경지 부족 문제를 해결하기 위해 1999년 미국의 컬럼비아대학교(Columbia University) 딕슨 데스포미어(Dickson Despommir) 교수가 창안한 개념이다. 도심 고층 건물을 일종의 농경지(식물 농장)로 활용한다는 개념이다.

어야 하는 이유는 지금 우리가 사는 사회가 그와 반대되는 선택을 했기 때문입니다. 이것이 두 번째 입장입니다. 우리가 어떤 방식으로 생물 다양성을 관리하는지 생각해봅시다. 복제 논리에 따라 지나치게 규격화한다거나 과거처럼 집약적 농업을 하는 것과 반대로, 우리는 지역별 품종 선별소와 종자원을 포함하는 네트워크 안에서 다양하고 분산된 방식으로 집에서 기르는 식물이나 동물을 대부분 선택합니다. 지역별 품종 선별소와 종자원 덕분에 '농부-종자 육성 전문가' 네트워크가 활성화되죠.

물론 이런 방식이 단기간에 생산을 극대화하지는 못합니다만, 다양성은 우리 농업 시스템의 회복력에 중요한 문제였다는 점을 모두 잘 아실 겁니다. 회복력은 당시 농업 시스템에서 생육 가능한 균형 회복 능력을 가늠하기 위해 도입된 개념입니다. 우리는 과거 농민의 품종 선택 방식을 자료화하여 나름대로 지속 가능한 방식과 문제가 있는 방식을 구별했습니다. 덕분에 품종 선택 방법, 문제가 된 종자와 품종 그리고 관련 실무자들의 수준까지 평가할 수 있었습니다. 이제 모든 농부는 자유롭게 종자를 선택할 수 있습니다. 이 절대적 권리는 헌법으로 규정되었죠.

한편 많은 이들의 존경을 받는 '농부-종자 육성 전문가'라는 멋진 타이틀도 그 가치가 인정되고 있습니다. 종자 육성 전문가의 지위는 대학교에서 명맥이 유지되던 길드의 오래된 원칙을 차용했습니다. 독립적인 지역에서 '품종 선별 직인'과 '품종 선별 장인'을 거쳐 '품종 선별 기사'에 이를 수 있는데, 종자 육성 전문가와 농업 연구자, 시민사회 대표로 구성된 위원회가 '참여자 인증'이라는 원칙에 따라 해당 칭호를 부여합니다. 이런 외부 감시는 내부 부정을 방지하기 위해 필요하죠. 같은 의미에서 각 지역의 독립성도 필요합니다. 과도한 집약적 농업은 단기적으로 효율적인 듯 보일지 몰라도 결국 농업 시스템을 파멸로 이끌기 때문입니다.

모두 아시겠지만 우리는 아까시나무 같은 사료와 비료용 나무, 과실수 등 '농업용' 수목 선별에 특히 공을 들여왔습니다. 이런 농림업의 풍경은 우리 주위에서 일상적으로 볼 수 있죠. 나무가 도처에 있지만, 적당한 거리를 두고 느슨하게 이어진 실타래 모양으로 넓은 수목 벨트를 형성합니다. 우리에게 친숙한 풍경이 한 세기 전에는 존재하지 않았다는 사실이 믿어지십니까? 어느 곳이든 100미터 이내에 나무가 있는 우리에게, 가능한 한 모든 나무를 옮겨 심으면서 나무 베는 것도 철저히 규제하는 우리에게, 도시의 거리 곳곳에 나무 그늘이 드리워지고 신선한 과일이 열리는 과실수가 많아지도록 세심한 노력을 기울이는 우리에게, 국가의 부는 영토 내에 살아 있는 생물자원에 따라 결정된다고 믿는 우리에게,

생물 문명 시대에 들어선 우리에게, 과거의 영토가 보여주는 풍경은 경악 그 자체입니다.

지금 화면으로 보시는 사진은 1990년 보스Beauce 지방의 모습입니다. 여러분이 생각하시는 그 보스 지방이 맞습니다. 현재의 보스 지방을 잘 아시는 분들은 어느 외계 행성을 인공위성으로 찍은 것이 아닌가 생각하실 수도 있겠네요. 네, 그렇습니다. 화성 식민지화를 꿈꾸며 화성에 원시 생명을 뿌리 내려 '생명화'하겠다고 주장하던 바로 그 시기에, 사람들은 파리 근방의 이 비옥한 평야에 구축된 모든 생태계를 파괴했습니다. 지구에서는 없앤 것을 화성에 만들어놓겠다는 얘기죠.

하지만 바토르 시대 이전 산업 문명에서는 이 평야를 가장 수익성이 높은 곳으로 여겼습니다. 약 반세기 동안 산업 시대 사람들은 들판이나 초원에서 자라는 나무를 흡사 전쟁이라 부를 만큼 가차 없이 베어버렸습니다. 여러분 가운데 영화에 조예가 깊은 분들은 이와 관련된 작품을 잘 아실 겁니다. 특히 원시적 스타일로 유명한 제임스 캐머런James Cameron 감독의 영화 〈아바타〉도 기억하시겠죠. 한 광산 회사의 탐욕 때문에 위협받는 거대 나무에 대한 이야기를 오늘날 관객들이 쉽게 이해할 수는 없을 겁니다. 하지만 까다로운 작업을 통해 당시의 실제 상황과 관련된 맥락을 살려낸 덕분에 영화를 제작한 목적과 영화가 주는 메시지를 잘 이해할 수 있게 됐습니다.

당시 영토의 상태가 어땠는지, 생물학적으로 얼마나 황폐해졌는지, 영토에 끼친 영향이 어땠을지 상상해본다면 생태계를 파멸시키는 치명적인 흐름을 뒤집기 위해, 벌거벗은 땅을 녹지로 뒤덮기 위해 우리 조상들이 얼마나 많은 노력을 했는지도 가늠할 수 있을 겁니다. 제가 지나치게 감상적인지 모르지만 이건 중대한 문제입니다. 파괴된 잠재력을 되살리기 위해 우리의 의식구조, 경제, 기술, 세무 시스템의 근본적인 개혁이 필요했습니다. 이런 유례없는 노력 덕분에 우리는 현재의 행복을 누릴 수 있었습니다. 그러므로 우리도 이 땅을 정성껏 보존해서 아이들에게 물려줘야 합니다.

이제 여러분은 제게 이런 질문을 하시겠죠. 그럼 당시에는 무엇을 먹고 살았느냐고 말입니다. 지난 세기 초 25년 동안 식량 부족은 거의 한계에 다다랐습니다. 전 세계적으로 밀, 옥수수, 사탕수수, 사탕무, 쌀, 콩, 기름야자 등 소량 작물 생산에 의지했습니다. 농업의 상상력과 기술력으로 색과 냄새를 합성해서 다양성이 넘치는 먹거리를 흉내 내긴 했죠. 동물의 먹이 섭취도 같은 식이었습니다. 풀을 뜯는 소나 도토리를 먹는 돼지, 벌레를 잡아먹는 닭은 찾아볼 수 없었습니다. 옥수수, 콩, 미네랄 소금이 모두를 위한 기적의 3대 식품이었죠.

이 땅에 존재하는 생물자원을 좀더 잘 이용하자는 우리의 힘찬 정책과 대조되지 않습니까? 데헤사dehesa*에 질 좋은 떡갈나무를 심어 도토리를 생산하고, 그곳에서 돼지를 사육하는 스페인 방식은 우리에게 더없이 효율적으로 보입니다. 하지만 당시 데헤사는 스페인에 2만 제곱킬로미터 남짓 있었을 뿐이고, 지속적인 관심 부족, 특히 떡갈나무 열매가 얼마나 맺는지에 대한 관심과 연구가 부족하여 지금 우리 눈앞에 펼쳐진 그것과 별다른 연관성이 없습니다.

여기에서도 우리는 지난 세기 선조들이 엄청나게 노력한 결과의 수혜자임을 느낄 수 있습니다. 생태 혁명이 도래하기 전, 사람들의 영양 섭취 방식은 무너지고 건강은 극도로 악화되었습니다. 20세기의 진정한 발전 이후에도, 사람들은 오래된 폐단에서 벗어나고자 하는 용기나 생각도 없이, 잘못된 방향으로 지나치게 멀리 나아갔습니다. 설탕과 소금, 질 나쁜 고기를 너무나 많이 섭취한 겁니다. 풍요로움은 사라지고 심혈관 질환과 당뇨, 비만 같은 질병이 증가한 것은 자명한 결과입니다.

---

*관목이 무성한 초원 지대.

바토르 이전 시대 문명은 상식적으로 이해하기 힘든 문명입니다. 영양 섭취 불량으로 사망률도 급증했습니다. 충분히 피할 수 있는 일이었는데 말입니다. 당시 사람들은 세균성 질환을 성공적으로 예방할 수 있게 됐다는 사실에 도취되었습니다. 그 예방이라는 것도 효과가 일시적이었는데 말이죠. 그들은 영양 섭취가 건강에 미치는 영향에 대한 여러 측면을 망각하고 말았습니다. 모든 공공장소에는—분명히 공공장소라고 말씀드렸습니다—심지어 학교에도, 당분과 염분이 과도하게 포함된 음료수와 식품 자동판매기가 버젓이 자리했습니다.

믿을 수 없다는 표정이군요. 그렇습니다. '영양 파멸'이라고 이름 붙여도 모자랄 상태까지 다다른 그 시대의 역설적인 상황이 놀라울 뿐입니다. 여러분도 아시다시피 그 이후에 염분과 자당, 포도당 과다를 금지하는 아주 단순한 법이 시행되었죠. 이를 계기로 영양 섭취는 우리 교육의 근간을 이루는 요소가 되었습니다. 아주 어린 나이부터 자연과 농부가 선사하는 다채로운 과일을 섭취하고, 자당을 과당으로 대체하는 정책이 시행된 덕분에 문제는 대부분 사라졌습니다. 같은 관점에서 제가 앞에 거론한 정책—도시에 과실수를 체계적으로 심고, 단체 급식에서 후식으로 과일을 먹도록 장려하고, 제철 과일 축제를 통해 아이들이 공공 나무에서 직접 과

일을 딸 수 있게 한 정책—덕분에 시민의 식문화는 크게 바뀌었습니다.

육류 섭취를 제한할 필요성이 있다고 깨달은 것도 이 해로운 시대에서 벌어진 육류 과다 섭취 현상 때문입니다. 육류 섭취를 줄이자는 움직임은 두 번째 영양 혁명 시기에 자발적으로 생겨났습니다. 많은 경우 그러했듯이, 이런 문화 질서를 재편하려는 움직임도 사회 특권층에서 시작됐습니다. 당시 유명 인사들도 이 움직임에 적극적으로 동참했죠. 미국의 가수 레이디 가가Lady Gaga가 육류 섭취를 일주일에 한 번으로 줄이자는 퍼포먼스를 벌였을 때는 의사들이 수백 번 강조한 것보다 큰 효과를 거뒀습니다. 우리는 육류의 평균 소비량은 물론, 시기에 따라 소비량을 조절해야 할 필요성도 깨달았습니다. 그래서 아동기와 청소년기에 지속적으로 육류를 섭취한 사람은 30~40대가 되었을 때 그 나이와 직업에 맞게 섭취량을 급격히 줄였습니다.

때때로 저는 성인의 육류 섭취와 관련된 공익광고 메시지가 지나치다는 불만의 목소리를 듣습니다. 저도 가끔 식품위생주의 메시지가 부담스럽게 느껴집니다. 저 역시 질 좋은 소고기를 먹는 경우도 있고요. 하지만 모든 상황을 고려할 때, 누군가 제안한 바와 같이 더 강력하고 강제적인 조치를 수립하는 것보다 완고한 홍보가 낫다고 생각합니다. 과도한 규제보다 정보 제공과 자유의지가 바람직하니까요.

엄격한 채식주의 운동가들은 왜 육류 섭취를 아예 금지하지 않느냐고 말합니다. 그럼 저는 우리의 목축 방식이 농업 측면이나 자연경관 측면에서 결코 해롭지 않다는 점을 상기시킵니다. 어디에서나 우리가 장려한 방식대로 합리적이고 자연에 잘 동화되는 가축 사육이 진행되고 있습니다. 온도가 낮고 습도가 높아서 풀이 자라기 적합한 일부 땅에서는 가축 사육이 토지의 이용 가치를 최고로 만들기도 합니다.

우리가 사육을 위한 사육을 중단하고, 과잉생산과 환경오염을 되풀이하지 않기로 했다고 모든 장소에서 가축 사육을 중단한 것은 아닙니다. 농업적인 관점이나 자연경관적인 관점에서 유익하다고 판단되는 곳에서는 여전히 가축을 사육합니다. 동물성 식품이 다시 축제나 잔치에서 즐겨 먹는 음식이 된 것은 사실입니다. 하지만 친구들과 함께 질 좋은 치즈를 조금 맛보는 것이 단체 식당에서 매일 허겁지겁 맛없는 대용 유제품을 삼키는 것보다 낫지 않겠습니까.

마지막으로 물고기와 수산 식품에 대해 이야기하고 연설을 마치겠습니다. 여러분 모두 잉어 요리를 좋아하실 겁니다. '민물의 돼지고기'라 불리는 잉어는 다양한 형태로 조리할 수 있죠. 여러분 가운데 많은 분이 '잉어'라는 단어를 '물고기'의 동의어처럼 생각하실 겁니다. 잉어는 우리가 보존하는 수많은 담수 연못에서 양식되는 물고기입니다. 이 연못은 물을 저장하고 정화하는 역할뿐만 아니라, 생물 다양성과 작물 보존에도 중요한 역할을 합니다. 7년마다 연못을 비우고 다시 채우면 3년간 잉어 어획이 가능합니다.

21세기 초만 해도 이런 연못에서 하는 민물고기 양식은 논농사를 주로 하는 아시아를 제외하고 겨우 그 명맥을 유지하는 상태였습니다. 원인은 단순합니다. 바닷물고기 때문이죠. 하지만 과다 어획으로 바다까지 텅 비고 말았습니다. 연어 같은 물고기를 양식하는 경우에는 해결책이라 여긴 양식 자체가 사태를 오히려 악화시켰습니다. 육식 물고기인 연어를 양식하려면 항상 더 많은 물고기를 잡아야 했기 때문입니다. 이는 호랑이 고기를 먹는 사람들이 호랑이를 먹이기 위해서 정글에 있는 모든 동물을 정기적으로 휩쓸어 와야 하는 것과 마찬가지입니다.

역설적이게도 우리는 기후 문제와 물 저장량 관련 문제 때문에 좀더 현명한 저수 방식을 생각하게 됐습니다. 댐을 건설하는 대신 그곳을 양어장으로 만들면 어떨까 하는 아이디어죠. 어떤 장소에 대형 댐 하나 대신 연결된 연못을 만들어 합리적 양식이 가능한 양어장으로 쓰는 게 낫다는 사실이 드러났습니다. 모든 저수지 건설 신청에 양어 생산 용량을 의무적으로 제시하도록 하자, 개발 논리가 대폭적으로 바뀌었습니다. 우리는 수심이 깊고 유지·관리 부담이 큰 대형 댐 여러 개를 한 장소에 집중적으로 신설하는 대신 복합적이고 유연하며 생산성과 회복력이 우수한 수리 시스템을 여러 곳에 만들었습니다.

덕분에 여러분이 오늘 전채 요리로 밤 무스와 레드커런트 소스를 곁들인 잉어 파테_pâté_*를 맛볼 수 있게 되었죠. 당시 보수주의자들의 염려에도 우리는 환경보호와 제대로 된 요리를 맛보는 즐거움이라는 두 마리 토끼를 잡았습니다. 저는 우리가 바토르 이전 시대에 살던 사람들보다 먹는 즐거움을 훨씬 중요시하는 사람들이라고 자신 있게 말할 수 있습니다.

이제 모두 식사하러 갈 시간이군요. 지금까지 경청해주셔서 감사합니다.

---

* 고기, 생선 살 등을 갈아서 오븐에 구운 요리.

---

1 이 글은 2011년 11월 11일 라비데지데 사이트에 처음 게재되었다.
http://www.laviedesidees.fr/De-l-incongruite-des-pratiques.html

보건 사회의 일탈[1]

: 에레혼의 회귀

자크 로드리게 Jacques Rodriguez

이하임 옮김

1872년, 영국 작가 새뮤얼 버틀러Samuel Butler는 디스토피아 세계를 그린 《에레혼Erewhon》을 출간한다. 그가 산 빅토리아시대에 대한 비평을 담은 책이다. 이 책에서 질병은 범죄로 취급되고, 범죄는 질병과 같이 치료할 대상이다. 《에레혼》은 의료 중심 사회와 그 일탈을 꼬집는 매우 현실적인 풍자 작품이다.

1872년 런던, 소설가이자 과학자 새뮤얼 버틀러는 수수께끼 같은 제목을 붙인 책을 익명으로 출간한다. 《에레혼》은 '아무 데도 없는 곳'이라는 뜻이 있는 '노웨어nowhere'를 거꾸로 쓴 표현이다. 다소 오래된 이 작품은 버틀러가 발표한 여러 원고를 지극히 평범한 줄거리를 중심으로 한데 모은 책이다. 《에레혼》은 유토피아적인, 더 정확히 말하면 디스토피아에 관한 이야기다. 작가는 이 작품에서 모두 행복해질 수 있는 화려한 이상향을 구체적으로 보여주지 않는다. 그는 조너선 스위프트Jonathan Swift가 쓴 《걸리버 여행기Gulliver's Travels》와 같은 맥락에서 동시대인의 확신을 뒤흔들며 자신이 살던 사회를 풍자하려고 했다.

버틀러(1835~1902)의 일생은 빅토리아시대(1837~1901)와

거의 일치한다. 그러나 《에레혼》은 빅토리아시대의 의미와 영향력을 철저히 파헤치는 역사나 시대적 문제에 전혀 얽매이지 않는다. 버틀러는 범죄와 질병에 대해 재치 있는 질문을 던지면서 빅토리아시대의 억압적인 흐름을 문제 삼는 데 그치지 않기 때문이다. 그는 더 나아가 사회정의와 개인의 책임, 생명과학의 헤게모니와 '완벽한 건강'을 숭배하는 현상을 분명히 일깨운다. 이를 통해 작가는 앞으로 다가올 사회에 대해 다양한 주제의 질문을 던진다. 그리고 이는 에레혼이라는 왜곡된 세상을 통해 나타난다.

버틀러의 작품은 18세기부터 크게 유행한 방식에 따라 한 민족 전체의 문화를 기술하는 민족지학적 여행기의 특색을 거의 그대로 차용했다. 작가는 자전적 요소를 바탕으로 한 영국인이 남반구의 '신식민지'를 여행하고 온 경험을 상세하게 기술했는데, 이는 쥘 베른에게 영감을 주기도 한 오세아니아의 이국적 특성을 띤다. 그러나 버틀러의 작품은 '선한 미개인'의 미덕을 찬양하지도 않고, 반대로 '백인의 짐'을 위시하여 휴머니즘을 전파해야 한다는 서구 사회의 도덕적 의무를 내세우지도 않는 '풍자적인 민족지학'이다.[3]

이런 관점에서 보면 《에레혼》은 동시대인을 동요하게 만든 정치적 담론과 무관하지 않다. 당시에는 영국의 식민지 정책(1840년에 시작된 뉴질랜드의 식민지화)에 따른 논란이 있었고, 노동시장을 포화 상태로 만든 인력 과잉의 배출구가 된 대영제국의 역할에 대해서도 논의가 많았다. 찰스 웬트워스 딜크Charles Wentworth Dilke를 필두로 주창된 '문명 전파자로서 앵글로·색슨족의 역할'에 대해서도 논란이 있었는데, 《에레혼》은 이런 정치적 논의와 동떨어진 것이 아니다.[4]

《에레혼》은 찰스 다윈Charles Darwin이 1850년대 말에 다시 검토하고 수정한 생물 변이설에 대해서도 과학적이고 철학적인 논의를 펼친다. 더 정확히 말하면 《에레혼》은 인간의 인지적 변천사에서 과학이나 신앙의 역할과 관련한 논의, 즉 '과학적 자연주의'와 종교적 교조주의에 대해 다양한 관점에서 기술한다. 과학적 자연주의와 종교적 교조주의가 대립되는 이 논의에서 제기되는 이론은 윤리학의 맥락뿐만 아니라 개인의 정신적 측면에도 위협을 미칠 수 있는 것이었다.[5]

이런 맥락에서 버틀러는 다윈의 자연과학 중심적 사고와 확실히 거리를 둔다. 사회 진화를 자연 진화로 몰아가고, 윤리를 과학에 종속시키는 경향에서 탈피한 것이다. 이런 부분이 버틀러가 집중한 빅토리아시대의 관습과 위선에 대한 비판보다 훨씬 의미 있는 이 작품의 기본 줄기다.

작가가 그리는 에레혼 사람들은 거칠고 투박한 사회를 구성한다. 그렇기 때문에 기계와 진보가 배제된 에레혼 사회의 상대적으로 정교한 가치 체계는 화자를 당혹스럽게 만든다. 에레혼의 주민은 특히 "인간이 숭배를 받아 마땅한 유일한 이유는 운이 좋아서"라는 점을 '도덕적 전제' 중 하나로 여긴다. 이는 다윈의 이론에서 생물의 번식을 지배하는 우연의 법칙을 제대로 꼬집는다. 다윈의 이론이 버틀러의 작품에서 과학의 의미를 벗고, 적자생존의 법칙이 사회 기제의 하나로 드러난 것이다.

에레혼에서는 결점과 장애 없이 건강하게 태어난 사람들만 받아들여지고 그렇지 못한 사람들은 다소 엄중한 처벌을 받는데, 이는 "인간의 법이 자연의 뜻을 공고히 해야 하기 때문"이다. 따라서 허약하고 못생긴 사람들은 그들에게 맞지 않는 세상에 태어난 죄로 금고형을 받는다. 생계 수단이 없거나 사기를 당한 불행한 사람들도 같은 취급을 받는다. 즉 자기 뜻과 상관없이 운명이나 환경 때문에 피해를 본 모든 이들이 승자 독식의 논리에 따라 처벌을 받아야 하는 죄인이 되는 것이다. 몸이 약한 사람도 중벌을 받아야 하는 범죄자로 간주되는데, 이는 "사회의 안전이 이를 요구하는 것이 아니라 그들이 더 뛰어나게 태어나지 않았기 때문"이라고 버틀러는 분명하게 말한다.

(하지만 사회의 안전 부분을 아예 배제한 적은 없다.) 이는 젊은 결핵 환자가 처한 상황에서 잘 드러난다. 판사는 그에게 직설적으로 말한다. "피고인이 걸린 폐결핵은 문제의 원

인이 피고인에게 있든 없든 피고인 본인의 과실입니다. (……) 피고인은 본인이 운이 없어서 범죄자가 된 것이라고 말하겠지만, 불행하게 태어난 것이 피고인의 죄입니다." 이런 상황에서는 사회적 환경이나 교육, 유전적 요소 등 어느 것도 정상참작 할 만한 요인이 되지 못하며, 법원의 관용을 얻어낼 수 없다. 에레혼에서 환자들이 자신의 질병을 감추거나 이를 도덕적인 잘못처럼 보이게 하려고 갖은 수를 쓰는 것도 이 때문이다. 예를 들어 젊은 폐결핵 환자는 보험 사기를 치기 위해 몸이 아픈 연기를 한 것처럼 위장한다.

버틀러가 묘사하는 에레혼에서 부는 도덕적으로 뛰어난 덕목처럼 그려지며, 마음의 동요는 연민을, 신체의 질환은 탄압을 야기하기 때문이다. 에레혼에서는 협잡꾼이나 사기꾼, 그 외 범죄자들이 '정의의 사도', 즉 고도로 전문화된 의료진의 아낌없는 배려와 보살핌을 받아야 할 대상으로 여겨진다.

이는 말도 안 되는 이야기처럼 보일지도 모른다. 사실 버틀러의 의도는 여러 가지 경계에 끊임없이 문제를 제기하는 것이었다. 에레혼에서 기계가 처한 운명에 대해 이야기할 때 작가는 기계와 살아 있는 생물의 경계에 의문을 제기했고, 정의와 불의의 경계, 신체적 건강과 '도덕적 건강'의 경계, 환자의 탓으로 돌릴 수 있는 책임과 범죄자에게 면제해줄 수 있는 책임 혹은 범죄자의 탓으로 돌릴 수 있는 책임과 환자에게 면제해줄 수 있는 책임의 경계에도 질문을 던진다.

버틀러는 여러 면에서 '거꾸로 된 세상'을 묘사하지만, '에레혼 사회의 범죄와 빅토리아사회의 질병'이라는 유사성을 통해 이야기를 전개하는 한편, 규범적인 구분을 분명히 할 수 없는 순진한 화자를 내세운다.[6] 예를 들어 화자는 다른 사회에서 환자에게 호의를 베풀 듯 범죄자에게 호의를 베푸는 것이 에레혼 사회에서 통용되는 정의라는 사실에 많은 독자들처럼 충격을 받는다. 하지만 실제로 범죄자 중 일부는 치료를 받아야 하는 환자가 아닌가. 게다가 한 개인이 받은 교육이나 살아온 환경을 무시한다면 이는 지극히 부당한 행위이자, 결국 환자를 악질 범죄자인 양 벌할 우려가 있지 않은가.

새뮤얼 버틀러는 동시대인에게 사람들 사이의 '자연적' 불평등, 죄의식, 사회적 연대에 대해 어떻게 행동하고, 특히 어떻게 생각하는지 묻는다. 영국 빅토리아시대에 (스펜서 Spencer의 '사회진화론'이 '과학적으로' 지지한) 빈곤의 범죄화가 극심했던 만큼 작가의 이런 접근 방식은 반길 만한 것이었다. 《에레혼》에서 질병과 범죄를 이야기하는 부분에 그려진 변화를 보건대, 이런 접근 방식은 빅토리아시대 사회의 관심사를 어느 하나 놓치지 않았다.

《에레혼》을 다시 읽어보면 이 사회의 '의료화', 나아가 어빙 졸라 Irving Zola가 표현한 대로 '건강화'의 기원이 된 (생명) 의학과 건강 제일주의가 초래한 변화에 대해 짚어볼 수 있다. 사실 건강과 의료 제일주의는 보건과 치안을 결합시킨 형태로, 여러 가지 면에서 새뮤얼 버틀러의 작품에 등장하는 것과 같은 관행과 방식의 발달로 나타나기 때문이다.

한편 19세기부터 법의학 전문가를 자처해온 수많은 정신과 의사나 전문가들은 일부 범죄 해결 구조의 정형화에 기여했다. 그에 따라 범죄는 발견, 진단, 치료가 가능한 대상이 되어 재발을 방지할 수 있는 것으로 인식된다. 환자는 일단 범죄자보다 덜 위험하며, 버틀러 식으로 말하면 "광기는 범죄보다 우리에게 덜 위험하기 때문"이다. 그러므로 탈선이나 '행동 장애'를 가능한 한 의료의 범주에 넣으려는 시도에서 노리는 정치적 이익이 쉽게 이해되기도 한다. 이에 따라 탈선이나 '행동 장애'가 완전히 개인적인 문제가 되는 것은 말할 것도 없다. 탈선의 환경적·사회경제적 원인과 관련된 과감한 개혁보다 위생과 치료 부분을 중심으로 개인적 차원에서 개입하는 것이다.

오늘날 성범죄자를 치료 중심으로 접근하는 게 이에 해당한다. 성범죄자에게 치료감호를 시행하고, 나아가 강제적 '치료 명령'을 선고하는 것이다. 요컨대 '행동 교정' 대상이 되는 것인데, 이는 에레혼의 '도덕적 질환자'를 연상케 한다. 이렇듯 범죄에 의료적으로 접근함에 따라 환자들의 죄의식과 책임감이 커지는 부작용이 생기는 분위기인데, 이 또한 새뮤얼 버틀러가 말한 '생리적 죄의식'을 연상케 하는 부분이다.

사실 질병은 오랜 시간 의사와 위생학자가 줄여보려고 애쓴 사회적 위험이나 손실일 뿐만 아니라 건강을 숭배하는 사회에서 타락의 한 형태이자, 도덕적인 과오로 나타나는 경향이 있다. 필리프 루생Philippe Roussin이 쓴 글을 읽어보면 (에레혼 사람들이 그랬듯이) 사회적 가치로서 건강에 대한 찬미가 개인의 질병을 완전히 제거하는 것을 전제로 하듯 나타난다.[7] 점점 더 공격적으로 '보호'와 '예방'을 내세우는 사회에서는 이런 부분을 내포하고 있다. 건강의 '보호'와 '증진'을 내세우는 이런 수사법은 (성생활, 식생활, 보건 생활, 의료 검진 등과 관련하여) 개인이 가능한 한 빨리 행동을 시정하고 이를 바탕으로 자신의 보건 위생을 책임지도록 종용한다.

이렇듯 개인은 빈틈없는 호모 메디쿠스Homo medicus(의료적 인간)가 되도록 압박을 받는다. 자기 신체와 건강에 대한 고민을 아끼지 않는 호모 메디쿠스는 질병을 철저히 예방하고, 건강 유지에 부적절한 행동은 하지 않으며, 적극적으로 주의 · 경계하는 모습을 보여준다.[8] 질병에 걸렸을 때 사회적 의무의 면제, 휴식, 치료를 보장하는 권리를 건강권이라고 한다. 이런 건강에 대한 권리가 은근슬쩍 '건강에 대한 의무'로 바뀌면서, 건강권은 책임 있는 시민이 응당 지켜야 할 사회적 · 도덕적 의무가 되고 만다.⁹ 이런 맥락에서는 현행 위생 규범을 위반하는 사람들을 제재하는 것을 막을 이유가 전혀 없다.

예를 들어 '장기 질병' 목록에서 2형 당뇨를 제외하려는 시도에 대해 생각해보자. 전체 의료보험 보상 비율이 적용되는 질병인데도 2형 당뇨의 원인이 부분적으로 생활 습관이나 식습관과 연관될 수 있다는 이유로 '장기 질병' 목록에서 이를 제거하는 것은 안이한 위생 관리에 대한 제재가 아닐까. 담뱃갑에 있는 '흡연이 당신을 죽인다'는 문구도 담배 소비자가 담배의 해악을 인지한 상태에서 스스로 선택하게 유도하고, 장차 폐암에 걸린 흡연자가 자신의 선택에 따른 비용이나 흡연의 문제점을 경시한 비용을 다른 사람들에게 전가하지 못하도록 하려는 의사표시가 아닐까. 흡연의 책임을 흡연자에게 떠넘기면 비흡연자는 그 책임에서 벗어나기 때문이다. 이와 동시에 사회적 연대의 개념도 일부 무너지고 만다.¹⁰

그런데도 버틀러가 상상한 에레혼 사회를 앞으로 도래할 세계에 대한 극단적인 풍자로 여기는 데 그쳐야 할까. 어떤 면에서는 그럴 것이다. 그러나 명확히 말하면 사회를 위협하는 질병을 치료하는 것보다 예방에 관심을 기울이며 안전을 갈망하는 오늘날 같은 사회에서는 범죄의 관리와 질병의 관리가 혼동되는 경향이 있다. 질 들뢰즈Gilles Deleuze는 '잠재적인 환자'와 '위험한 환자'로 가득 찬 '통제 사회'가 나타날 것을 예리하게 내다보면서 이를 암시했다.[11] 우리는 모두 행동 장애나 신체적 기능장애를 예상하고 대비해야 하는 잠재적인 환자 혹은 범죄자가 될 가능성이 있지 않은가. 위험의 진단과 평가에 대한 중요성이 커지면서 이런 예측이 공감을 얻는다. 더구나 의료 기술을 통해 질병을 미연에 방지하려는 예방 패러다임이 눈부시게 발전하는 상황이다.

이런 관점에서 보면 태아, 신생아, 초등학생, 청소년 그리고 '위험한' 성인은 계속 감시당하면서 지속적인 검사를 받아야 하는 대상이 될 수밖에 없다. 이제 개별적 특수성이 있는 개인의 몸이 특정 위험 인자를 피하기 위한 시술과 치료를 받아야 할 확률적 개체로 인식되는 것이다.[12] 따라서 심리 치료제와 신경 이완제가 산만한 아이들의 잠재적인 일탈 행동을 예방할 수 있으리라고 생각하는 것과 마찬가지로, 유방 절제술도 결국 유방암 발병 가능성이 있는 여성들에게 (예방책으로) 처방될 수 있을 것이다.

이는 충분히 예측되는 우리의 미래다. 앞으로 유전학과 분자생물학이 예방 이데올로기를 더욱 탄탄히 발전시킬 것이며, 자크 테스타르Jacques Testart가 각자의 '게놈 별자리'*라고 비

———

* 개인의 DNA에서 특성을 찾아내 통계적 확률에 따라 질병을 예측하는 정보.

꼬아 말한 것 또한 성립될 수 있을 것이다. 이런 관점이 오늘날 비현실적인 것처럼 보일지라도[13] 향후 수십 년간 환자나 범죄자의 조기 판별을 용이하게 하기 위해 유전학이 점점 더 동원될 것이라는 생각이 터무니없지는 않다.[14] 따라서 우리는 "신체는 유전적 원인과 상황적 원인의 명백한 산물이기 때문에 건강이 나쁘다는 이유로 처벌되어서는 결코 안 된다"는 《에레혼》 화자의 생각을 쉽게 이해할 수 있다.

그러나 이런 결론에도 몸이 아픈 사람이나 사회규범을 어긴 사람의 책임이 전체 혹은 일부 면제되어야 한다고 주장하는 경우, 자녀에게 '나쁜 유전자'를 물려준 잘못이 있는 부모가 그 책임을 질 수밖에 없다는 생각에 이르고 만다. 즉 버틀러가 말한 대로 '건강하지 못한 부모'에게 책임이 귀속되는 것이다. 이와 동시에 에레혼 정도는 아니겠지만 어쨌든 그와 비슷한 형태로 태어나는 것 자체가 '중죄'일 수도 있다. 개인적으로 탄생 그 자체가 위험한 시도일 수 있을뿐더러, 이런 돌발적 위험 또한 아이의 탄생에 책임이 있는 사람들이 충분히 제어할 수 없는 원인이기 때문이다.

새뮤얼 버틀러는 《에레혼》을 쓰면서 미래의 세상을 상상하려던 게 아니었다. 그가 묘사한 이국적 사회와 지금 우리가 사는 사회는 완전히 다르다. 에레혼 사회에서 불행은 에레혼 사람들에게 아무런 연민도 불러일으키지 않으며, 이들은 오직 우연의 법칙을 숭배한다. 따라서 에레혼 사람들은 자신에게 일어나는 모든 불행의 책임을 전적으로 개인에게 전가하고, 이를 '사회에 반하는 잘못'으로 취급하면서 부조리한 행태를 보인다. 우리 사회는 이와 반대로 최대 다수의 건강과 안전을 보장하기 위해 불확실한 우연적 요소를 제어하고, 위험을 미연에 방지하고자 쉼 없이 노력한다. 이런 노력은 특히 각자의 행동이나 생리학적 특성 등 개인의 위험 원인을 밝혀주는 질병 역학과 과학의 진보에 기반을 둔다.[15] 그에 따라 개인의 책임 소재는 점점 더 불확실해질 가능성이 있는데, 이는 점차 우리가 환자와 범죄자 사이에서 피해자와 책임자를 구분하는 능력을 시험하는 계기가 될 수도 있다.

버틀러가 제기한 문제가 여전히 우리와 무관하지 않다면, 이는 그가 여러 면에서 오늘날 과학만능주의의 전조가 되는 생물학 중심주의의 위험성을 강조하려 했기 때문이 아닐까. 버틀러의 장점 중 하나는 의학이 사회를 지배할 때 나타날 위험을 경고함으로써 윤리보다 과학이 우선시 되는 현상을 날카로운 통찰력으로 규탄했다는 점이다. 에레혼 사람들이 환자를 가차 없이 처벌한 이유는 "국가에서 권력을 가진 유일한 자가 되는" 의사와 '각종 약장수'의 영향력을 제어하기 위함이었다. 버틀러가 덧붙인 결론처럼 "우리가 소중하게 여기는 모든 것들이 그들의 손에 달렸기 때문"이다.

1 이 글은 2012년 3월 12일 라비데지데 사이트에 처음 게재되었다. http://www.laviedesidees.fr/Les-derives-de-la-societe.html

2 Samuel Butler, *Erewhon* (1872), Paris, Gallimard, 1981, 서문과 번역 Valéry Larbaud, 1924.

3 Sue Zemka, 〈Erewhon and the End of Utopian Humanism〉, *English Literary History,* 2002, vol. 69, n° 2, pp. 439~472.

4 Charles Wentworth Dilke, *Greater Britain. A Record of Travel in English-Speaking Countries During 1866 and 1867,* Londres, Harper and Brothers Publishers, 1869.

5 Frank Miller Turner, *Between Science and Religion. The Reaction to Scientific Naturalism in Late Victorian England,* New Haven, Yale University Press, 1974.

6 Gene Montague, 〈A Nowhere That Goes Somewhere〉, *College Composition and Communication,* 1962, vol. 13, n° 2, pp. 18~22.

7 Philippe Roussin, 〈Destouches avant Céline. Le taylorisme et le sort de l'utopie hygiéniste〉, *Sciences sociales et santé,* 1988, vol. Ⅵ, n° 3~4, pp. 5~48.

8 Patrick Peretti-Watel, Jean-Paul Moatti, *Le principe de prévention. Le culte de la santé et ses dérives,* Paris, Seuil, 〈La République des Idées〉 총서, 2009.

9 Janine Pierret, 〈Entre santé et expérience de la maladie〉, *Psychotrope,* 2008, vol. 14, n° 2, pp. 47~59.

10 Raymond Massé, 〈De la responsabilité paternaliste de l'État à la responsabilité individuelle : les enjeux éthiques de la santé publique〉, in Éric Gagnon, Francine Saillant (dir.), *De la responsabilité. Éthique et politique,* Montréal, Liber, 2006, pp. 255~272.

11 Gilles Deleuze, 〈Postscriptum sur les sociétés de contrôle〉, in *Pourparlers* (1990), Paris, Éditions de Minuit, 2003, pp. 240~247.

12 David Armstrong, 〈The Rise of Surveillance Medicine〉, *Sociology of Health and Illness,* 1995, vol. 17, n° 3, pp. 393~404.

13 INSERM, *Tests génétiques. Questions scientifiques, médicales et sociétales,* Paris, Les éditions de l'Inserm, 2009.

14 René Carbonneau, 〈Les enjeux à venir pour la criminologie clinique : approche développementale et intégration avec les sciences biomédicales〉, *Criminologie,* 2008, vol. 41, n° 1, pp. 47~82.

15 Neil Pearce, 〈Traditional Epidemiology, Modern Epidemiology, and the Public Health〉, *American Journal of Public Health,* 1996, vol. 86, n° 5, pp. 678~685.

지은이
소개

니콜라 들라랑드 Nicolas Delalande
파리정치대학(시앙스포) 역사연구소 객원교수. 지은 책으로《Les batailles de l'impôt. Consentement et résistances de 1789 à nos jours세금 투쟁 : 1789년부터 지금까지 국민적 합의와 저항의 역사》 등이 있다.

이반 야블롱카 Ivan Jablonka
파리13대학 역사학 교수. 지은 책으로《Histoire des grands-parents que je n'ai pas eus. Une enquête내가 겪어보지 못한 할머니, 할아버지의 역사》등이 있다.

알렉시 제니 Alexis Jenni
소설가. 첫 번째 소설《L'art français de la guerre프랑스식 병법》으로 2011년 공쿠르상을 수상했으며, 2013년에는《Élucidations. 50 anecdotes해명 : 50개의 일화》를 펴냈다.

장 가드레 Jean Gadrey

릴1대학 경제학 명예교수. 경제 전문지《Alternatives économiques》
에 종종 논객으로 참여하며, 지은 책으로《Adieu à la croissance.
Bien vivre dans un monde solidaire성장 이데올로기에서 탈피 : 함
께 사는 사회에서 잘 살아가는 법》등이 있다.

이브 생토메 Yves Sintomer

프랑스고등교육연구회 선임 연구원이자 파리8대학 정치학 교수. 프
랑스국립과학연구센터CNRS 산하 CRESPPA 연구원이며, 뇌샤텔대학
교 사회학연구소의 상임 초빙 연구원으로도 재직 중이다. 지은 책
으로《Petite histoire de l'expérimentation démocratique. Tirage au
sort et politique d'Athènes à nos jours민주주의 실험 : 제비뽑기 방
식과 그리스 정치제도의 실현》등이 있다.

프랑수아 드 생글리 François de Singly

파리5대학(파리데카르트대학) 사회학 교수. 가정 사회학과 교육사회
학, 남녀 관계 사회학을 전공했으며, 지은 책으로《Séparée. Vivre
l'expérience de la rupture이별의 사회학 : 헤어짐의 경험을 안고 살
아가기》등이 있다.

장 베라르 Jean Bérard

리옹고등사범학교를 졸업했으며, 역사학 박사 학위와 교수 자격을
취득했다. 현재 파리8대학 역사연구소 객원 연구원이며, 청소년정책
혁신기금 내에서도 연구를 맡고 있다. 지은 책으로《Bastille Nation,

French Penal Politics and the Punitive Turn바스티유국 : 프랑스의 형사정책과 형벌 체계의 개혁》(공저) 등이 있다.

미셸 파랑 Michel Parent
국립우주항공대학을 졸업하고, 미국의 케이스웨스턴리저브대학교에서 정보공학 박사 학위를 받았다. 미국교통연구원TRB 위원이자 유럽연합EU 집행위원회의 전문 자문 위원이며, 프랑스국립정보자동화연구소INRIA에서 '자동화 도로' 프로그램의 학술 자문을 맡고 있다.

마티외 칼라므 Matthieu Calarme
농공학자 출신으로 현재 '인간의 진보를 위한 샤를 레오폴드 마이어 재단'에서 사업 기획을 맡고 있다. 지은 책으로 《La tourmente alimentaire. Pour une politique agricole mondiale음식 혁명 : 세계 농업정책을 위하여》 등이 있다.

자크 로드리게 Jacques Rodriguez
릴3대학 사회학과 교수. 지은 책으로 《La Construction de la tradition sociologique anglaise 19e-20e siècles19~20세기 영국의 사회학 전통 수립》 등이 있다.

옮긴이
소개

전미연

서울대학교 불어불문학과와 한국외국어대학교 통번역대학원 한불과를 졸업했다. 파리3대학 통번역대학원ESIT 번역 과정과 오타와 통번역대학원STI 번역학 박사 과정을 마쳤다. 현재 전문 번역가로 활동 중이다. 옮긴 책으로 《리모노프》《나 아닌 다른 삶》《콧수염》《겨울 아이》《파피용》《당신, 거기 있어줄래요?》《사랑하기 때문에》《그 후에》《천사의 부름》《종이 여자》《두려움과 떨림》《배고픔의 자서전》《이토록 아름다운 세 살》《완벽한 계획》《최후의 알리바이》《크리스마스 1초 전》《크리스마스를 구해줘》 등이 있으며, '작은 철학자 시리즈'를 비롯한 어린이책도 여러 권 번역했다.

배영란

숭실대학교 불어불문학과를 졸업하고, 한국외국어대학교 통번역대학원에서 순차 통역 및 번역 석사 학위를 받았다. 현재 전문 번역가로 활동 중이다. 옮긴 책으로 《미래를 심는 사람》《내 감정 사용법》

《인간이란 무엇인가》《여자 남자 차이의 구축》《우리 안에 돼지》《실수 없이 제대로 사랑할 수 있을까?》《불온한 생태학》《피에르 라비의 자발적 소박함》《책의 탄생》《법률적 인간의 출현》 등이 있으며, 《르몽드 디플로마티크》 한국어판 번역에도 참여한다.

김영란

고려대학교 불어불문학과를 졸업하고 동 대학원 석사과정을 수료한 뒤, 한국외국어대학교 통번역대학원에서 순차 통역 및 번역 석사 학위를 받았다. 현재 전문 번역가로 활동하며, 《르몽드 디플로마티크》 한국어판 번역에도 참여한다.

김자연

동덕여자대학교 프랑스어과를 졸업하고, 한국외국어대학교 통번역대학원에서 국제회의 통역학 석사 학위를 받았다. 현재 전문 통·번역가로 활동하며, TV5MONDE 영상 번역 작업과 《르몽드 디플로마티크》 한국어판 번역에도 참여한다.

이하임

중앙대학교 영어영문학과와 파리3대학 통번역대학원ESIT 번역 과정을 졸업하고, 한국외국어대학교 통번역대학원에서 순차 통역 및 번역 석사 학위를 받았다. 현재 전문 통·번역가로 활동하며, 《르몽드 디플로마티크》 한국어판 번역에도 참여한다.

22세기 세계

펴낸날 | 초판 1쇄 2016년 1월 15일

만들어 펴낸이 | 정우진 강진영 김지영
펴낸곳 | 도서출판 황소걸음
디자인 | 송민기 happyfish70@hanmail.net
등록 | 제22-243호(2000년 9월 18일)
주소 | 서울시 마포구 신수동 448-6 한국출판협동조합
편집부 | 02-3272-8863
영업부 | 02-3272-8865
팩스 | 02-717-7725
이메일 | bullsbook@hanmail.net

ISBN | 979-11-86821-02-2 03300

이 도서의 국립중앙도서관 출판시도서목록(CIP)은 서지정보유통지원시스템 홈페이지
(http://seoji.nl.go.kr)와 국가자료공동목록시스템(http://www.nl.go.kr/kolisnet)에서
이용하실 수 있습니다. (CIP제어번호 : CIP2015035888)